WAC BUNKO

2020年中国の真実

こんなに借金大国・中国 習近平は自滅へ！

宮崎正弘
石　平

JN137894

はじめに――追い込まれた中国、深刻な危機

中国は金融危機、米中は次世代技術争奪の冷戦へ突入

米中貿易戦争とは高関税の掛け合いでしかなく、お互いに産業競争力を弱めます。げんに中国では豚肉高騰が象徴するように消費者物価に激甚《げきじん》な影響が及んでいます。米国では小麦、大豆にも中国が高関税をかけたので農業州（テキサス、インディアナ、オハイオ等）が悲鳴を挙げ、これはトランプの支持基盤ですから解決を急ぐ動機になります。

しかし米国は経済繁栄よりも国家安全保障を最優先させると決意しています。貿易戦争に関しては、トランプ大統領の個人プレイではなく議会が関連する法案を制定し、大統領にこれを迅速に実行せよと迫り、メディアがこぞって支援する。ということは米国

の総意なのです。

貿易戦争につづいて、現段階は米国が発動した国防権限法、並びに付随した諸法律により中国の経済、金融、そして軍事力の拡大阻止という「総合戦」に移りました。

本文でも詳述しますが、二〇一八年十月のペンス副大統領の演説は、まさに米中冷戦に突入した状況を反映しており、中共のスパイ活動を防止するため中国による企業買収を阻止し、留学生のヴィザを規制し、技術流失を防衛する一方で、市場から中国のハイテク企業を排斥し、「2025中国製造」戦略を遅らせるか、破産に導くのを宣言したも同然でした。

究極の戦略はドル依存の中国の金融システムを痲痺《まひ》させることにあり、同時に商務省作成のEL（エンティティー・リスト）が象徴するファーウェイ等、中国のハイテク企業の米国市場からの締め出しです。そればかりか米国は西側に協調を呼びかけ、英・豪・カナダ、NZ（ニュージーランド）、そして日本が応じています。

二〇一九年五月二十四日、倒産寸前だった内蒙古省拠点の「包商銀行」を中国は国家管理として八九％の株式を取得しました。つまり救済されたのです。これは嘗《かつ》て日米が味わったモラル・ハザードの開始かもしれない。具体的には中国銀行保険監督管理委員会（CBIRC）が「公的管理」し、元本の三〇％削減という措置をとりました。このため取り付け騒ぎは起こらず、営業店舗は継続しています。心理的恐慌の拡大を懸念する中央銀行（中国人民銀行）は六月二日になって「これは単独の案件であり、金融不安は何もない」と発表したところ、逆の発想をする投資家の不安は増幅しました。

中国経済では、過去二十年間にこうした事態は起きていません。同行は六百八億元の資産と二百七十億元の預金があり、不良債権率は一・四八％（二〇一七年）と報告されていました。

ここで蕭建華《しゅうけんか》という人物の名前を思い出していただきたい。連想で郭文貴《かくぶんき》という名前も。郭文貴は江沢民時代から証券界の黒幕、香港を根城に共産党幹部と組んで大々的なインサイダー取引を展開した人物です。しかし習近平時代にはいって権力闘争の先を見越すや、郭はさっとアメリカへ逃げ、いまNYの豪邸に住み、テレビ媒体などを駆使して習近平一派の不正蓄財、不法経済行為を暴いています。郭文貴は政治亡命を申請しています。

蕭建華は、その郭文貴の番頭格で江沢民人脈の金庫番と言われた人物です。インサイダー取引の元締めで香港の豪華ホテルに長期滞在し、四人のボディガードに囲まれていたのに、二年前、白昼堂々と拉致され、中国で取り調べを受けてきました。

当該「包商銀行」は、蕭建華が主導した投機集団「明天証券」グループの隠れ蓑で、インサイダー取引の前衛部隊の役を担い、二百十七億元を投下してシャドーバンキング機能をやらせていました。蕭建華集団のATMとして駆使され、投機資金に廻されていたのです。

上海、北京を避けて内蒙古省の銀行を活用したのも、中央政界とは無縁のバンカーだったから利用価値があったわけです。

中国の財務当局は「米中貿易戦争の煽りだ」との口実をさかんに口にしていましたが、米中貿易戦争と原因は無縁です。不動産バブル、株投機の裏金処理、インサイダー取引のATMだったわけで、この銀行を倒産させないで救済したのは、リーマン・ショック型金融破綻の前兆と金融界が認識することを怖れたからでしょう。中国にはおよそ四千の銀行、地方銀行、信用組合があって、このうち四百二十の金融機関がリスクを抱えています。

「灰色のサイ」（高い確率で存在し、大きな問題を引き起こすにもかかわらず軽視されがちな問題を指す。サイは灰色が普通で、普段はおとなしい。だが暴走し始めると誰も手を付けられなくなることからの譬《たと》え）の早期発見が大事です。しかし、二番、三番の「包商銀行」は、各地にごろごろと転がっているので、この事件によって、中国の金融危機、「灰色のサイ」がついに表面化したと言えます。

米中貿易戦争とは世界貿易戦争なり

次にファーウェイの経営危機のリスクを考えましょう。

二〇一四年頃から米国は連邦政府職員、軍人に対して、ファーウェイのスマホ使用を禁じ、トランプ政権になってからファーウェイの全面禁止が検討されて真っ先に基地局入札から排斥しました。

二〇一八年十二月一日、CFOの孟晩舟《もうばんしゅう》がカナダで拘束され世界を驚かせましたが、じつは同日、サンフランシスコで「中国物理学の神童」と言われた張首晟教授が自殺しています。彼をFBIが内偵していました。

二〇一九年に入るや、米国はファーウェイを「スパイ機関」と認定し、米国内の部品メーカーに至るまでファーウェイ部品を使わないよう通達をだしました。五月、トランプは「非常事態」を宣言し、国防権限法によりファーウェイの米国市場からの駆逐を決め、同盟国に呼びかけ、日本でも携帯電話各社がファーウェイ新機種の予約受付を中止、もしくは延期するに至りました。

市場でファーウェイのスマホの値崩れが起こり、中古スマホは大暴落、OSのグレードアップをしたら使えなくなったなどの苦情が殺到、いよいよ正念場を迎えたようです。同社のスマホは、世界で二億台を突破しています。中国市場で優に五割のシェアを維持しています。

しかしOSがグーグルのアンドロイドなのです。マイクロソフトと同様に、OSそのものは公開されていますが、数々のアプリは、アンドロイドが基礎です。米中貿易戦争の勃発、トランプ政権のファーウェイ排除によって、スマホ販売は落ち込み、それもOS「アンドロイド」が使えなくなるとどうなるのか、消費者は顔面を引きつらせています。

げんにフェイスブック、インスタグラムなどはファーウェイのスマホへのアプリ事前搭載をやめ、半導体設計大手のアームは供給をやめ、インテルは製造工場をイスラエルへシフトさせ、フラッシュ・メモリーの大手「ウェスタン・デジタル」もファーウェイとの「戦略的関係」をやめると発表し、台湾の鴻海《ホンハイ》精密工業は中国における生産ラインの一部を停止しました。

これは産業の大地殻変動でしょう。

インテルがZTE（中興通訊）への半導体供給をやめたように、米国が同社への販売供給を禁止すれば、つぎに何が起きるかは眼に見えています。

ファーウェイの部品供給チェーンは、国内生産が二十五社、米国が三十三社、日本が十一社、そして台湾が十社。他にドイツ、韓国、香港のメーカーがファーウェイに部品を供給してきました。まさに国際的サプライチェーンが築かれており、視点を世界的に移し替えてみると、米中貿易戦争とは世界貿易戦争なのです。

この戦争は「中国共産党が潰えるまで続く」(ルトワック)

ところで、中国では深圳《しんせん》が中国ハイテクの本丸です。

香港に隣接し、港湾も空港も複数あって、グローバルアクセスの要衝として栄えてきました。一九七五年頃だったか筆者は初めて周辺を取材した経験がありますが、貧しい漁村で当時の人口は僅か三万人、屋台が商店街で、冷蔵庫はなく、ビールも西瓜《すいか》も冷えておらず、肉は天日の下で売っていました。

深圳の人口は、いまでは一千三百万人。ハイテクパーク、科技大道、加えて付近には衛星都市の中山、仏山、東莞、厚街などを抱える。ファーウェイもZTEもテンセントも本社はここにあります。ファーウェイ本社は従業員が八万人。このうち三千人がR&D（研究開発）に携わっており、出張族用のビジネスホテルも数百室がそなわり、一大「ファーウェイ・シティ」が出現しています。

ファーウェイ幹部は記者会見を開き、「独自OS」（鴻蒙）のスマホを八月か九月には販売開始できる」と胸を張りました。この日に備えて独自の自家製のOSを秘かに開発してきたので、安心せよという宣言でした。

二〇一二年、深圳の「湖畔の宿」に秘かにファーウェイ社内の腕利きエンジニアが集められ、創業者の任正非《じんせいひ》がじきじきに出席し、「将来、グーグルからOS使用を拒否された場合、独自のOSを用意しておく必要がある」として秘密チームが発足しました。この独自OS開発チームは社内でも機密とされ、その研究所は警備員が特別警戒にあたり、二〇一二年の秘密会以後、開発と研究が秘かに続けられてきたというのです。

国家主席として初めて訪日した習近平は、二〇一九年六月二十七日、大阪のG20に際して開かれた日中首脳会談では「日中は新しい段階に入った。完全に正常化した」などと宣言しましたが、同二十九日の米中首脳会談では何一つ妥協はみられず「話し合いの再開」が謳《うた》われただけに終わりました。唯一の注目はトランプが第四次制裁関税を控《ひか》えたことでした。

ともかく米中貿易戦争は新しい段階に突入しました。

この戦争が「中国共産党が潰《つい》えるまで続く」（ルトワック）か、どうか。本書で石平氏と、こうした大問題を軸に縦横に語り合ってみました。

令和元年初夏

宮崎正弘

こんなに借金大国・中国
習近平は自滅へ！

目次

第二章　侵略国家中国は、ソ連同様「人権」で滅びる …… 75

第四章　中国社会をいまも支配する「宗族主義」「一族イズム」が腐敗の根源

装幀／須川貴弘（ＷＡＣ装幀室）
取材構成／佐藤克己

第一章

「張り子の虎」だった中国・習近平体制

「中国製造2025」から「中国自滅2025」へ

宮崎　昨年（二〇一八年）十月四日、ハドソン研究所でのペンス副大統領の演説は、「邪悪な中国共産党」との戦いを米国民や全世界に呼びかけるもので、アメリカからの中国に対する事実上の「宣戦布告」でした。

そのあと、米中貿易戦争が激化、ファーウェイ（中国の通信機器最大手メーカー・華為技術。一九八七年に人民解放軍出身の任正非氏が創業）潰しも始まった。さらには、今年（二〇一九年）六月四日は「天安門虐殺三十周年」ということもあり、アメリカは、新たに「人権カード」を前面に出してきましたね。

ポンペオ国務長官が、「天安門事件から数十年を経て中国が国際秩序に組み入れられ、より開放的で寛容な社会になることを期待したものの、希望は打ち砕かれた」と批判し、さらに、イスラム教徒の少数民族ウイグル族弾圧を中心に「市民は新たな弾圧にさらされている」と指摘し、「たとえ共産党が強固な監視体制を構築したとしても、中国の一般市民は人権を行使し、独立した組織を結成し、法的制度に基づく正義を希求し、自らの意見を表明し続けるだろう」と述べた。
このポンペオに対する中国の反発は凄《すご》く、「ポンペオが混沌《こんとん》の元凶、世界秩序を乱し、世界平和を攪乱《かくらん》しているタカ派のなかのタカ派だ」と非難した（『環球時報』二〇一九年六月二十八日）。
国務省のみならず国防総省（ペンタゴン）も、六月一日、二〇一九年版の「インド太平洋戦略報告」を発表し、シャナハン国防長官代行（当時）が同日、シンガポールで開かれたアジア安全保障会議での演説で骨子を明らかにしました。この報告で、国防総省は「国家間の戦略的競争」を「自由な世界秩序を目指す」勢力と「抑圧的な世界秩序を目指す」勢力との地政学的な競争関係と定義している。要は中国共産党政権を「抑圧的な世界秩序を目指す」ワースト1国家として、アメリカの仮想敵とみなしているわけです。

石　貿易戦争と人権問題で、アメリカは中国共産党を徹底的に打破する覚悟ですね。昨年十月のペンス副大統領演説はチャーチルの「鉄のカーテン」演説に匹敵するものだと私は思います。彼による第二弾の中国批判演説は大阪G20サミットの米中首脳会談のために延期されましたが、いずれは行うでしょう。内容は楽しみです。

宮崎　世界一のハイテク国家を目指す「中国製造２０２５」は、ファーウェイ潰しが、米国主導の下で世界規模で始まり、机上の空論となりつつある。「中国自滅2025」と囁かれだした（笑）。

※「中国製造2025」――二〇一五年五月に中国政府が発表した、中国における今後十年間の製造業発展のロードマップ。中国成立百周年の二〇四九年までにやるべきことを三段階で明記。第一段階としては、二〇二五年までに「世界の製造強国入り」を果たす。第二段階として二〇三五年までに中国の製造業レベルを、世界の製造強国陣営の中位に位置させる。第三段階として、二〇四五年には「製造強国のトップ」になるという構想。

習近平の命乞いもフィナーレ

石　とはいえ、二〇二五年までまだ数年ある。その自滅を一日でも早く実現するためにどうすればいいのかを本書でお話していこうと思います。

まず、米中貿易戦争の歩みを少し振り返っておきます。アメリカが中国製品に対する制裁関税の第一弾を発動したのが二〇一八年の七月でしたが、それ以来、八月には第二弾、九月には第三弾の制裁関税を発動した。第三弾は二千億ドル分の中国製品に対して一〇％の制裁関税をかけたもので、それがさらに、二〇一九年一月一日には二五％に引き上げられる予定でした。中国側は当初、「やられたらやり返す」の方針でアメリカ製品に対する報復関税を発動することで応戦したが、アメリカが第三弾の制裁関税を実行すると、中国側は同様に報復することができなくなりました。中国は毎年、せいぜい、一千三百億ドル分のアメリカ製品しか輸入していないからです。しかも、アメリカの制関税発動の影響で、二〇一八年秋あたりから中国の経済状況はより一層悪くなりました。

そこで二〇一八年十二月一日、習近平国家主席はアルゼンチンで開かれたG20会議を利用してトランプ大統領と会談。この会談では習近平が平身低頭してトランプ大統領に泣きついた結果、トランプ大統領は二〇一九年一月一日に予定されている、二千億ドル分の中国製品に対する制裁関税の引き上げを一旦延期しました。

その代わりに、アメリカが中国側には知的財産権への侵害を辞めてもらうとかの要求を突きつけて、それを具体化するための米中貿易協議の再開を提案しました。それから再開した米中協議においては、アメリカは中国に対して、強制的な技術移転の禁止、知的財産の保護、非関税障壁の撤廃などの構造改革の実行を迫りました。双方が九十日以内に協議を完了して合意するよう努力することで同意して、合意に達しない場合は追加関税を二五%に引き上げることになっていました。

宮崎　その結果、二〇一八年十二月一日から二〇一九年四月三十日まで米中が北京とワシントンで交代に協議を重ね、四月の段階で、劉鶴《りゆうかく》副首相の発言などを見ると、中国はアメリカの要求をほとんど呑む姿勢を示していたようです。

石　そうです。技術移転に対する強要をやめること、知的財産権を保護すること、国有企業に対する政府の補助を止めることなど、中国側がアメリカから突きつけられた要求のほとんどを飲んだ結果、二〇一九年四月下旬の段階で、米中協議が九五%まで合意に達していました。

その時点では、米中協議の妥結が近いと思われていて、日本のほとんどのマスコミも、そのような予測を積極的に報じていました。トランプも盛んに合意が近いということをツイッターでつぶやいていましたよね。

しかし、五月一日、劉鶴《りゆうかく》副首相とロバート・ライトハイザー通商代表の協議が終わり、劉鶴が五月二日に合意の文章を習近平に報告したところ、習近平はこの合意をパスして、大幅に修正したのです。

　これまでアメリカから要求され、中国が受諾するとしていたものを突然、反古《ほご》にしたわけです。合意文書は百五十ページ近くに及びましたが、これまでの交渉を白紙に戻すような内容でした。そして、中国政府はこの修正した合意文章をアメリカに送り付けたのです。それをライトハイザーは、トランプに見せたところ、トランプは激怒して即時、一旦延期となった二千億ドル分の中国製品に対する制裁関税の引き上げを決断したわけです。一〇％から二五％への引き上げです。五月五日に大統領自らのツイッターで引き上げを表明し、米国通商代表部は八日に追加関税二五％実施を官報で正式に通知した。
　そして二千億ドル分の中国製品に対する追加関税を五月十日の午前零時二分、一〇％から二五％に高めたわけですが、いって見れば中国は午前零時一分に「処刑」されたようなものです。それで、しばらくして中国側は報復措置を発表してアメリカに反発したのですが、そういう状況下でも中国政府は劉鶴をアメリカにまた派遣して、アメリカと五月八日に協議を再開したのです。

宮崎　第三弾の追加関税引き上げをトランプ大統領が表明したのは、日曜日の深夜で翌日の月曜日から、上海市場で取引が始まったけど、この表明を受けて上海市場は暴落、六・五％も大幅な下落を記録しました。

中国の対米「報復関税」は国内向けの見せかけだけ

石　その時の中国政府の反応が面白かった。五月六日はほとんど一日、反応しなかったのです。実は情報を完全に中国政府は隠ぺいしようとした節が窺えます。

だから、中国投資家は、この情報を知らず結果的に大損した人が結構、多くいたようです。さらに一日遅れて劉鶴をワシントンに送り込んで、ワシントンでライトハイザーと協議してみせた。

しかし、この協議はアリバイ作りが狙いでほとんど意味がないもの。これまでの協議は一日十数時間も行うなど、結構真剣に話し合っていたけど、五月九日、十日のワシントンでの協議時間は一日二時間未満です。しかも通訳を入れていますから、ほとんど交渉にはなっていません。ただ、お互いの立場を主張するだけで、ほとんど何の意味もない会談で、成果がないまま劉鶴は帰国したのです。

宮崎　中国の反論によれば、アメリカと「最後までお付き合いをする」というわけですね。

石　そうです。劉鶴が帰国してから、中国政府は報復措置を打つと言明したもののなかなか発表しなかった。

逆に、劉鶴が帰国してから、アメリカはもうひとつ物凄いことを宣言しました。さらに残りの三千億ドル分の中国製品に二五％の関税をかける準備を始めるというものでした。それでも、中国は反撃できずにいて、やっと中国が反応したのは五月十三日の夜、突然、アメリカ製品に対する報復関税をかけると発表した。

しかし、その中身といえば、二〇一八年九月にアメリカが中国製品二千億ドルに追加関税一〇％かけたことを受けて、中国政府はその報復措置として六百億ドルのアメリカ製品に五％～一〇％制裁関税をかけましたが、それをさらに引き上げるというだけのものでした。

最大が二五％、しかし、ほとんどの製品が二〇％です。実は今の段階でも五％、一〇％の関税を掛けた製品が依然として残っています。実際、この報復措置を検証してみると結構、いい加減なものでインチキです。六百億ドルのアメリカ製品に五％～二五％、半分以上の対象品目の関税が二〇％で、二五％の関税をかけるのはごく一部。さらに別の製品は五％のまま保留しています。

アメリカが二千億ドルの中国製品に一律に二五％の関税を掛けたのに、中国政府が報復措置といっても、五%～二五%とバラバラです。というのも、中国は思い切った報復はできません。理由は実に簡単です。六百億ドルのアメリカ製品が中国にとって必要不可欠なものが多いからです。例えば、豚肉とか、大豆とかの食料品、さらに中国がモノづくりに必要なアメリカ製の部品とか……。ようするに、中国政府が、これらの製品・物資に本気に二五%の関税を掛けたら、大きな影響を中国自身が受けてしまう。しかし、アメリカに中国もちゃんと報復したというイメージを作らないと、国内的に習近平のメンツが立たないわけです。

中国政府は人民日報、新華社通信で抗議文を発表し、「アメリカと最後まで闘う」「断固として交渉するぞ」という一歩も引かない超強気の構えを見せています。しかし、どう考えてもこれは、国内向けの虚勢に過ぎません。アメリカと断固、戦うのは不可能です。中国はアメリカ製品を一千三百億ドル分しか輸入していません。すでにアメリカ製品一千百億ドル分について追加関税をかけているのです。残りさらに追加関税を掛ける分は二百億ドルしかない。アメリカはまだ三千億ドル分あるのですから。戦いはアメリカが有利です。状況はこんなところです。

宮崎　米中貿易戦争の現状は今、石さんが言っていただいたとおりですが、中国のライフラインに深く関わっているものは、事実上、高い関税をかけていない。少しかけた製品はありますが、とくに中国での生産に必要なロボットとかは、ちょっと税率を足したというだけですよね。

逆に中国にとってアメリカから絶対に購入しなくていい製品、不要なもの、たとえばLNG（液化天然ガス）は他国からも大量に輸入しています。また、コーヒーもそうです。これら製品は他国からいくらでも入るから二五％の関税をかけても、大丈夫ということですね。他の国々から買えばいいだけの話ですから。

結局、豚肉とか、牛肉とか食品にはほとんど関税をかけていません。そこがミソです。アメリカもずるい。その段階ではスマホとかパソコンには関税をかけていません。これを最終的に第四弾の追加関税ではスマホも高い関税をかけるとしていました。お互いに意地の突っ張り合いを見せていますが、大阪のG20で米中の話し合いは平行線をたどっただけなので、ギリギリ最後まで行くでしょう。こうした中、トランプは非常に楽観的で、解決は急がないし、話し合いはキープするといっています。アメリカが有利だということを分かっているからの余裕でしょう。

泥船と化す中国から逃げ出す日本企業

宮崎　もっと具体的な反応に移ります。株式市場の動向です。さきほど石さんも触れていましたが、一番、狼狽したのは上海市場でした。アメリカも一度、ドンと下げたけれどもすでに大幅に回復をしています。日本株も七月上旬までは上がりました。米中貿易戦争による悪材料は今のところは出尽くしている格好です。ただ個別に見ると相対的に下がっていて、なかなか本格的に回復しない銘柄はあります。具体的には中国依存の高い銘柄となります。中国に電子部品などを輸出している会社はそこそこの悪影響が出ているようで日本電産、村田製作所、ロームはかなり深刻なようです。

それから、台湾がガタガタですね。台湾は多くの企業が、中国に工場を展開しています。台湾で製造した部品を中国で組み立てアメリカに輸出している。その代表格が鴻海精密工業です。董事長（日本でいう会長兼社長）の郭台銘《かくたいめい》は二〇一九年五月九日に、中国の重要拠点である広東省深圳などから台湾南部の高雄へ生産設備の一部を移転することを明らかにしている。またアメリカとインドに大工場をつくります。

鴻海は人件費の安い中国にいち早く参入して中国に大量生産の拠点を築き、年間売上高は十八兆円の巨大企業にのし上がったのです。それがアメリカによる追加関税制裁で今、曲がり角に来ています。同社の先行き不安を反映して鴻海の株は下がっています。アメリカから中国製品に二五％の関税を掛けられたら、鴻海のビジネスは立ち行かなくなります。

石　鴻海同様に中国で人員整理や、工場移転に踏み切っている台湾の会社はたくさんあります。消費財を手掛けている企業が目立っています。鞄、スポーツシューズの製造・販売会社は苦しいみたいですね。

宮崎　日本企業で、現地で長年生産してきた会社でも、ユニクロは生産を中国からベトナムにかなり移管しており、中国の生産比率を落としています。リコーはアメリカ向け複写機の生産を中国からタイへ全面移管することになりました。これは制裁関税「第三弾」の対象に複合機が含まれていることへの対応です。加えて日本ペイントホールディングスも経済成長の鈍化が予想される中国の依存度を下げるためにオーストラリア塗料大手デュラックスグループの買収をすると発表しました。

さらにダスキンは運営するドーナツ店「ミスタードーナツ」の中国本土からの撤退を

決定しましたし、日本の自動車メーカーのスズキも二〇一八年に中国生産から撤退し、スズキが強みを持つ日本やインド市場に集中することを決めたのです。こうした流れはアメリカ自動車メーカーにも波及し、米フォード・モーターの中国主力合弁会社は従業員の約一割に当たる二千人の人員削減に踏み切りました。

今回の米中貿易戦争は場合によっては、いずれ世界中に来る「産業構造の変革」という運命を結果的に早めることになるのかも知れません。中国経済の泥船化が始まった以上、そこから日本の企業が中国を見切って逃げ出すのは当然のことでしょう。

アメリカ市民を心配する中国は「ダチョウ国家」となった

石　面白いことに、米中貿易戦争で人民日報、新華社通信、中国中央電視台（中国国営のテレビ局）といった中国メディアは、何を強調して報道したのか。トランプ政権の追加関税によって、アメリカ市民をはじめ世界の人びとが多大な損害を受けると言い出している。いきなり、中国がアメリカ市民のことを心配してきたわけですよ（笑）。

宮崎　「集団的自衛権の拡大」をめぐって、国会で議論になった時、日本共産党などが突如、自衛隊員の生命が心配だと言い出したのに似ているね（笑）。

石　そうですね。そのくせ、肝心要の中国国内の経済や中国人民の生活にどういう影響を与えるかの論調はひとつもありません。

自分の国（中国）が米中貿易戦争でどのような影響を受けて将来どうなるのかをまず、取材し報道するのが普通でしょう。中国の官製メディアはその事について一切、論評なしでです。もちろん、中国政府が論評することを禁じているからです。

アメリカの中国に対する制裁関税がアメリカ国民に被害を与えることを殊更に強調し報道していました。確かに、そういう部分はあります。アメリカの農民や一部企業が懸念を表明もしている。しかし、中国経済が打撃を受けて被害を被ることの方がより深刻で、その影響はアメリカ経済どころではありません。

宮崎　要は、天安門事件の情報同様、自分の国家にとって都合の悪い情報は国民には伝えないのです。自国経済が被害受ける現実から目を避けようとしています。中国経済の悪化は習近平にとって触れたくないニュースです。ようするに、問題を直視することができない中国は、本当にダチョウ国家（ダチョウは危険な状況にあうと砂に頭を突っ込むといわれており、現実を直視しない）となってしまった。

石　もうひとつ、アメリカに対する報復関税の発表についてそのタイミングを結構、中国政府は計算したのではないかと思います。北京時間で五月十二日日曜日の夜に中国政府はアメリカへの報復関税を発表しました。それはワシントン時間で十三日月曜日の朝になります。ニューヨーク市場が始まる一時間前にわざと発表したわけです。ようするにアメリカ株に打撃を与えることが目的だった。

これは、中国の思惑通りになり、十三日のニューヨークダウはかなり大きく下げました。六百十七・三八ドルの下落、ナスダック総合指数は二百六十九・九二ポイント安と今年最大の下落率となったのです。翌日、人民日報は大々的にニューヨークダウの暴落を報じて、有頂天になって「勝利宣言」みたいな記事が踊っていました。正面からトランプに抵抗できないから、このような姑息なやり方で自己満足しているのでしょう（笑）。

彼ら（中国）にとって「藁《わら》をも摑む」救いが、アメリカ国内でのトランプ批判です。つまり関税引き上げで国内で反対の声が挙がってくることです。いわゆる「他力本願」の政策。アメリカ国内で反発を少しでも引き起こすために、わざと、ニューヨーク市場の開始直前に報復関税を発表したのです。

そして、中国政府の狙い通りその発表は株式市場を一時的には直撃した。しかし、アメリカ政府は一日の株式市場下落で動揺することはありません。翌日、火曜日には早速、反発したのです。

宮崎　あの時の報道は完全におかしいね。日本のマスコミも、ニューヨークダウが物凄く下がったと大騒ぎをしていました。六百十七ドルの下落ですが、パーセントで見れば二・四％安です。その日の東京市場は約三％下げていました。

石　中国の場合、上海市場は五月六日月曜日、パーセントでいえば、五・六％も下げました。アメリカの倍以上の下落率ですからね。

宮崎　上海市場では、値動きは荒くなっていて上海総合株価指数は二千五百〜三千の間で動いています。日本の日経平均株価は二万一千円〜二万二千円で、ニューヨークダウは二万六千ドル前後の水準で取引されています。ニューヨーク市場は当然、ドル建てですから、日本の株価の約十倍がアメリカの株価水準となっている。中国上海株式市場や日本の株式市場に比べればニューヨーク株式市場の方がはるかに大きくて、安定しており実力の差は歴然としています。

もう一つの注目点は、中国がトランプ政権の内部に亀裂を生ませようとしていたことです。

先にも触れたように米中首脳会談の直前に人民日報系の『環球時報』は「ポンペオ米国務長官は『クレージー』だ。かれが世界を混沌とさせた元凶である。ポンペオが世界平和を脅かす存在であり、国務長官ふぜいで世界政治を混乱させている。かれがタカ派のなかのタカ派だ」と非難し、これを報道するという形でCCTVのニュースで拡大させた。中国のメディアは総合して、「トランプ政権内の一部の対中タカ派がトランプ政権の貿易政策を誤らせているのだ」とし、対中強硬派としてほかに、ライトハイザーUSTR代表、ナヴァロ通商産業局長、ジョン・ボルトン補佐官、ポッテンガー大統領国家安全保障局アジア担当主任らを具体的に名指しした。この人たちが大阪G20での米中首脳会談に同席していましたね(笑)。

みてとれるのはトランプ政権内部の対立を煽り、あわよくば意見の分裂を招いて対中貿易交渉の勢いを削ごうとしていたことです。この企図が見え透いているのは、米中貿易戦争が激化する直後から習近平は社会科学院や各大学の専門家、シンクタンクに対して「アメリカ研究を行い報告を出すように」と指示しており、かなりの予算をつけていた経過がある。げんに社会科学院が出した報告書百四十三本のうち、米国研究が二十四本、貿易をテーマとした報告書が十二本と異例の夥しさでした(『サウスチャイナ・モーニングポスト』六月二十九日）。

　同時に各種の報道からほのみえたのがトランプ政権内でクシュナー、イバンカ夫妻を、タカ派から切り離そうとしていた報道ぶりでした。

石　なるほど。とにかく、日本のマスコミは中国有利といった報道に偏っている。中共に対する忖度こそが、日本のマスコミの使命ですからね。

宮崎　もうひとつ、トランプの支持基盤の強いアメリカ中西部のインディアナ州、オハイヨ州は大豆とか、トウモロコシ、小麦の一大生産地域でしょう。そこにめがけて、大豆、トウモロコシを重点的に中国は関税を高くしています。小麦、大豆が来なくなると日本は豆腐と納豆が食べられなくなりますが、中国は深刻に困るわけではない。一番、困るのは先述したように牛肉と豚肉ですからね。

石　中国は大豆も含めて基本的に農産物の輸入国です。大豆は中国が関税をかけても、あまり意味はありません。これはよくいわれる話ですが、アメリカ産の大豆の関税が高くなって値段が上がると、中国ではアメリカ産の大豆を買わなくなります。ブラジルから大豆を購入できるからです。

　しかし、ブラジルが急に大豆を大量生産できるわけでもない。それで、ブラジルはどうするのか。中国からの需要拡大に応えるために、何とアメリカ産の大豆を大量に買い付けるのです。結局、中国が買ったのは、ブラジルを通したアメリカ産の大豆になる。実にバカバカしい話になっている。

習近平の態度急変の背景に何があったか

宮崎　ここで、ひとつ大きな疑問があります。冒頭に石さんから説明があったように、四月下旬まで米中貿易戦争はそろそろ合意する、または妥結すると日本をはじめ世界のマスコミは伝えていました。楽観的な観測や見方をする専門家がほとんどでした。

しかし五月に入ると、状況が急転してしまった。その理由がどこにあるのでしょうか。石さんは、習近平が今までアメリカの要求を全面的に呑んだ合意を突然、反古にしたと見ています。それは正しいと思うけど、習近平は合意をすべてちゃぶ台返しをした。では、その理由はなんだったのか。どうして習近平が態度を一変させたのか。その背景に何があったのかという疑問です。

アメリカとの交渉は劉鶴副首相が独断でやったわけではありません。劉鶴にそんな判断力も、実力もないのは明らか。最初から劉鶴はいちいち習近平のＯＫを貰って合意文書を作っていた。当然、習近平は今までのアメリカとの合意内容を知らなかったわけではないのです。

石 そうです。習近平はすべてを知っていながら、態度豹変で土壇場で交渉をふりだしに戻してしまった。

宮崎 「独裁者」となっている習近平の立場からすると、党内でアメリカに屈するような合意に対して反発する声が強くなって急遽、パスしたという見方があります。しかし、私はその可能性は低いと思います。習近平の個人独裁体制が完全に確立された今、政権内で習近平の「独断」に異を唱える勢力や有力人物が現れたとは考えにくいからです。むしろ、習近平と対立している改革派の人たちは中国の改革を促すという意味合いからアメリカへの譲歩を歓迎していたのではないか。

石 これは、私の見立てですが、実は習近平としてはアメリカの要求を一〇〇%呑む替わりにアメリカに強く求めていることが一点だけありました。それは何かというと、アメリカと合意に達した場合、その瞬間に、アメリカが制裁でかけてきた追加関税を全部、すぐに撤廃してもらうことです。

それを中国はアメリカに強く求めてきたわけです。ようするに、あなたたち（アメリカ）の話は何でも聞く、要求はすべて呑む、その代わりに関税は全部、撤廃してもらいたい、というのが習近平の狙いであり、絶対条件でした。

習近平がそこにこだわるのはなぜか。アメリカの要求を全部呑んで、合意した場合には、事実上、中国はアメリカの間で「不平等条約」を結んだも同然になる。降伏したことになります。そのことを習近平はよく理解していました。

そのことが中国国内で広がると習近平政権は完全に終わりです。習近平の唯一の看板が、「中国の強い指導者」を演じることですから。その虚像が崩れると習近平は国家主席の座から降りないといけません。だから、そうならないために、国内向けには、今回の米中合意を中国側の勝利として政権内はもちろん、国民にも納得させることが必要になります。その唯一の方法がアメリカによる追加関税の全面撤廃だったのです。

宮崎　丸い卵を切りようで四角に見せようと目論んでいたわけだ。

石　そもそも、習近平はこれまで外交でこれといった手柄はありません。しかし、関税の完全撤廃を約束させれば、表向きには譲歩によって失ったメンツと権威を挽回できるのです。もっといえば、追加関税の撤廃となれば大きな手柄となり、習近平は中国国内でその成果を大きくアピールできることになる。つまり、これで習近平は米中貿易戦争の「勝利者」になるわけです。

しかし、それを許さないアメリカは、その中国の要請を呑みませんでした。トランプ政権としては対中制裁関税を一気に撤廃すると中国を制する手段を自ら捨てることになります。米朝核交渉と同じです。こちらは北朝鮮が核開発を完全にストップしない限り、経済制裁を止めないという姿勢を打ち出している。

ともあれ、米中合意に達しても、中国が合意内容をちゃんと守っていく保証は何もありません。だから、トランプ政権は最終合意に達しても直ちに制裁関税の完全な撤廃はしないのです。

そこで、習近平が業を煮やして、合意を白紙に戻して報復措置の行動を取ることにしたのです。いくら譲歩しても、アメリカは全然「俺（習近平）の苦渋を分かってくれない」と嘆いたことでしょう。実際、アメリカの関税引き上げを宣言した後で、劉鶴も新華社通信の記者会見で、そのようなことをいいました。「我々は原則を譲らない。その原則は何か、ひとつは関税の全面撤回だ」と。

しかし六月下旬の大阪G20サミットで行われた米中首脳会談では「関税の全面撤回」

はトランプ大統領によって拒否された。一応、貿易協議が再開となりましたが、今までの制裁関税が継続となって貿易戦争は長期化することになったのです。

中国は米国債を売却できない

宮崎　中国からの報復関税もいま一つパンチにならないということで、レアアース（希土類）の供給を減らすとか中国は言い出しました。

石　レアアースを供給する国は中国のほかにもある。日本も以前、それで脅されたけど、輸入先の多様化やリサイクルの強化などでそんな脅しも通用しなかった。

宮崎　すでに米国防総省のレアアース備蓄は本格化しています。EV、スマホなどの民需ではなく米軍のレアアース需要は戦闘機など、ハイテク兵器システムに必要なレアアース品目です。

二〇一六年から備蓄予算が承認されておりますので本格備蓄がなされ、二〇一九年度予算は十一億五千万ドル。これで四百十六トンのレアアースと二百キロのリチュームを備蓄する。

他方、供給元も中国依存を多角化するために、ペンタゴン報告書では埋蔵が豊富なマラウィとブルンジを開発候補地としていますが、鉱山の開発と精製、運搬システムの構築には六年から七年は必要で、緊急に必要とされる現段階では、とても間に合わない。

現在、自由世界の鉱山企業で中国資本や中国との合弁関係にないレアアース企業は豪のライナス社だけです。当然、ライナス社は俄《にわ》かに忙しくなって、米テキサス州でブルーライン社と合弁で精製工場の計画があり、また西オーストラリア鉱区開発に三億四千五百万ドルの投資を計画しています。中国は一時期、この会社に買収を仕掛けたことがあります。

米国の戦略備蓄は基礎的な銅、亜鉛、ニッケル、マンガンは当然にしても、従来はチタン、コバルトなどに重点が置かれてきたのです。小生、一九八〇年代初頭のアメリカの戦略物資備蓄や品目の詳細を調べて『もうひとつの資源戦争』(講談社)を一九八二年に上梓したことがありますが、当時と現在とではハイテク産業の基軸が替わり、当然ながら品目リストに変化があります。一九八〇年代に米国が重視したレアメタル(希少金属)は、コバルト、チタンなどでした。ところが5G時代には、従来重視されなかったレアアースに重要度が移行し、その戦略備蓄が少量だったため、対策が急がれるのです。

なにしろ現時点でレアアース最大の供給源は中国であり、内蒙古省のパオトウ、江西省などで生産されています。パオトウの一番の高層ビル、知っていますか？「レアアースホテル」です（笑）。

さてそうなると、中国は最後の手段としてアメリカ国債を売るぞと脅してくる可能性があるね。でも、それって、日本のメディアとか、市場関係者が面白がって言っているだけで、中国が米国債を本格的に売却する可能性は極めて低いです。

確かに二〇一九年三月に、アメリカ財務省によると中国は二百四億ドル（約二兆二千億円）売り越して、この結果、中国のアメリカ国債の保有額は三月末で一兆一千二百五億ドルと二〇一七年三月以来の低い水準となったといいます。しかし、これは、保有年限の調整などに伴って、一時的に売却が先行しただけの話です。それでも、なぜ、中国はアメリカ国債を売却できないのか。

それは簡単な話。中国が保有している一兆ドル以上のアメリカ国債は「担保」になっているから売れないのです。中国はアメリカ国債を担保にしてアメリカの金融機関からドルを借りています。この枠内でドルを交換している。だから、国債を売却しようものなら、即座に中国にとってドルがなくなることを意味しており、それは国家としての死活問題に発展します。

というのは、ドルがないと貿易の決済手段がなくなる。ですから、いざとなったら中国は保有しているアメリカ国債を売却するぞ、という脅しはあり得ない話です。このことはトランプは百も承知だから、中国に対して強気なんです。人民元はドルペッグ制（自国・地域の通貨と米ドルの為替レートを一定割合で保つようにする制度）で、どんなに中国がアメリカに立ち向かおうとしても、中国がドル決済システムから抜けることは不可能です。

人民元安で追加関税に対抗できるか

石　アメリカからの追加関税を緩和するためには人民元の為替レートを引き下げるしかないでしょう。ただし、ＩＭＦ元首席エコノミストのオリビエ・ブランシャール氏によると、一〇％の追加関税なら人民元が六〜七％程度下落すれば、計算上は相殺できるとしています。が、二五％になると一二％程度の元安が必要になると指定しています。つまり、一ドル六・八元の水準なら七・二元への下落となるわけです。レートの壁は七元といわれていますので、これを突破すると「人民元暴落」の危険性が増してくるでしょう。

ちなみに中国人民銀行が発表した五月二十二日の基準値はドル＝六・八九九二元と、何と十営業日連続で元安に設定されました。リーマン・ショック以降、一ドル＝七元に接近したのは過去二回ありましたが、市場関係者の話によると外貨準備高（通貨当局が保有する対外準備資産の額。外貨を保有する目的は債務返済や輸入時の決済、為替の変動防止が中心でドルなどの外貨や金、ＩＭＦの特別引出権の合計）を取り崩して元安に歯止めをかけたようです。今回はアメリカからの批判をかわすために、七元突破の可能性は低いと予想されていますが、大阪でのG20以降でも、貿易戦争が継続することになっていますから、今後の人民元の動向は油断できない。

宮崎　ただ、人民元安はいろいろな副作用をもたらすからね。人民元が急速に下がるようなことがあれば、中国国内から資本の流出が加速することになるでしょう。これまで、中国は海外からの資本流入で経済を発展させてきたわけですから、それに逆行するようなことは絶対避けたいと思っているはず。現に中国当局は急速な元安は資本流出につながることを警戒しているようです。

さらに副作用として見逃せないのは、元安になると中国のドル建て債務の返済コストが上がることです。中国のドル建て債務残高は、すでに相当な額で、一兆ドルを超えています。この金額だけでも保有する米国債を相殺してしまう。ただ、人民元安にさせないためには、ドルを売って人民元を購入する必要があるから、中国はドル資金がますます必要となってくる。

石　さらに、人民元安になると中国にとって問題なのは輸入物価が上がることです。中国はアメリカをはじめ世界各国から石油、食料を輸入しています。つまり、人民元が安くなると石油や食料品など生活必需品の価格が高騰し、強烈なインフレが心配されることになる。そうなれば、中国経済は一貫の終わりです。民衆の不満も高まっていく。

中国は現在、食料輸入大国です。海外から肉や穀物など大量に購入しています。ちょっと古い統計で恐縮ですが二〇一七年に海外から一億三千六十二万トンの食料を輸入しています。それは中国国民一人当たり約百キロ分の食べ物を海外に依存している計算となります。さらに中国の石油輸入量は二〇一七年ベースで四億一千九百五十七トンと日本の約倍以上になっています。

宮崎　人民元の切り下げの幅にもよるのですが、もし、二〇%切り下げたとしたら、中国の物価は自動的に物価が二〇%上がるだろうね。

石　石油、食料品の物価が仮に二〇％上がったら、ほとんどの生活必需品が値上がりします。すると、中国人の生活は一部の党関係者などを除いて、相当苦しくなり、食べていけなくなるかも知れません。そうなると暴動が心配されます。中国政府はインフレを過度に警戒している。なぜなら一九八九年に天安門事件が起きた原因のひとつに、当時の高いインフレ率があったといわれています。国民がコメなどの価格が高騰して食べていけなくなり、その不満が事件を惹起《じゃっき》させたともいわれています。

宮崎　今でも中国人は豚肉を毎日、食べているのかな。日本に来る中国人観光客は「松のや」あたりでトンカツ食べていますよね。ワンコイン（五百円玉）ちょっとで食べられるから中国より安い。

石　中国人は豚肉が大好きで、近年は毎日食べていましたが、最近になって、食べられなくなった人が増えてきているという。さらに、悪いことに、中国国内で家畜伝染病「アフリカ豚コレラ」が蔓延してきている。昨年七月、豚肉への関税を六二％に大きく上げたものの天に唾する結果になってしまった。

国家統計局によれば、生きた豚一キロの価格は二〇一九年二月末、十一・九元（約二百円）だったものが、五月には十五・一元まで上昇してしまいました。豚の飼育頭数減少の影響はこれからで、農業農村省の担当官は「二〇一九年十月〜十二月には過去最高値（二〇一六年）の一キロ当たり二十一元を超す可能性がある」といっています。アメリカからの豚肉輸入が減少することも、さらに影響してくるでしょう。

「一帯一路」も自動車産業もお先真っ暗の中国経済

宮崎 貿易的には中国はますます追い詰められることになっていく。さらに金融問題も出てくる。野村国際の集計では、二〇二〇年末にかけて四半期ごとに三百三十億ドル（約三兆六千億円）を超すドル債権の満期を迎えますが、中国企業の資金繰りの悪化が懸念されています。債券の発行より償還額が多くなれば、さらに中国からドル資金が流出することにつながってしまうからです。

また、二〇一六年に中国政府が一帯一路プロジェクトを推進するために開業したAIIB（アジアインフラ投資銀行）にしても、思うように資金が集まっていません。資本金は一千億ドルというフレコミでスタートしたのですが、実際に払い込みがすんだのは、八十億ドルしかなく、それ以上の資金が集まらず、肝心の融資業務ができていないのです。それには中国も困ってしまって、日本に泣きついて、アジア開発銀行（ＡＤＢ）との「共同融資」という形で今、メンツを保っている状態です。事実上、日本がファイナンスをやっています。

ですから、今まで融資案件は、全部で額として十五億ドル、件数としてはわずか四件ですよ。具体的にはフィリピンの環境整備、インドのグジャラート州の高速道路（三・二九億ドル）、バングラディシュの物流整備（一・六五億ドル）、エジプトの太陽光発電（二・五一億ドル）の四件だけです。あと、世界銀行との共同融資で十件、アジア開発銀行（ＡＤＢ）との共同融資で十件で、それらを合わせて四十二億ドル（同じ時期でＡＤＢの実績は三百六十六億ドル）にすぎません。ＡＩＩＢは銀行としての機能が麻痺していて、世界銀行とアジア開発銀行に一帯一路のプロジェクト融資を頼んでいるのが実態です。そしてＡＩＩＢの金庫が空なので、二〇一九年五月に二十五億ドル（約二千七百五十億円）の債権を発行しました。金利は二・二五％でした。この程度の資金量ではどうにもならないね。

石　しかも、中国の国内経済は悪化の一途をたどり大変です。中国政府は米中貿易戦争で表向きは強気ですが、内実はそれどころではないのです。

いくつか数字で証明してみましょう。まずは、中国国家統計局の発表ですが二〇一九年一月～三月までの全国工業企業（一定規模以上の企業が対象）の利益が一兆二千九百七十二億元と前年同期比で三・三％の減益となりました。とくに自動車製造の利益は二五・〇％も減少した。さらに、ショッキングな数字があります。

中国汽車工業協会が六月十二日に発表した五月の新車販売台数です。それによると、百九十一万台と前年同月比で一六・四％も落ち込んでいる。四月は新たな減税策で販売増が期待されたのですが結果は十一カ月連続の前年実績割れだったのです。全体の約八割を占める乗用車が一七・四％減少と低迷したのが響いたようです。

このペースで減少すると仮定するならば、大胆な予測になりますが後一年もしないうちに中国の自動車市場は規模が半分になってしまう勘定となります。

これは、新聞に掲載された自動車販売店の話ですが、「『去年は五百台しか売れず、八十万元（約一千三百二十万円）も赤字を出した。開業以来、最悪の数字』。遼寧省瀋陽の米ゼネラル・モーターズ（GM）販売店は客の数もなく、がらんとしていた。販売を総括する朱大為・総経理は、『ピークの二〇一三年には一千三百台も売れたのに』とこぼした」（読売新聞、二〇一九年三月二日付）と。

他の販売店も同様で、こうした状況が中国全土に広がっているのです。中国全体の新車販売台数は二〇一三年、二千百九十八万台と初めて二千万台の大台を突破しましたが、二〇一八年には前年比二・八％減の二千八百八万台と二十八年振りの前年実績割れとなりました。米中貿易摩擦の影響や不動産市場の不信などが加わって二〇一九年は大きく減少するのではないでしょうか。

宮崎　日産自動車は、二〇一九年三月期の連結業績予想を大幅に下方修正して営業利益が従来予想から一千三百二十億円も下回って前期比四五％減益の三千百八十億円になると発表しましたね。これは欧州の不振に加えて中国市場の影響も受けているようです。

石　こうした中、日本の自動車メーカーでは中国での生産調整で収益を確保する動きが出てきました。スズキは二〇一八年に中国生産から徹底し、マツダと三菱自動車も二〇一九年一月の生産台数を前年同月比で半減にし、日産自動車も二〇一八年末から二〇一九年三月までで三万台の減産に踏み切りました。

宮崎　中国では新車が売れなくなり、価格の安い中古車が売れているようですね。今まで、中古市場はこれまで中国になかったはずだけど……。

石　問題はここです。中国の新車販売台数が大きく減少して、市場規模が仮に半分になったら、中国産業全体に計り知れないほどの打撃を与えることになります。自動車産業のすそ野は実に広いから、ここがダウンしたら、ほかのすべての産業が一気に沈没することになります。

新車が買えなくなった中国人消費者

石 また、ここに面白い数字があります。中国人民銀行（中央銀行）が公表した数字です。二〇一九年四月における中国全国の新規融資が約一兆二百億元（約一千五百一億六千万ドル）あった。これは、三月の一兆六千九百億元を下回り、経済の停滞を現わしているのですが、それより問題は一兆元の中身です。

何と一兆元のうち五千二百五十八兆元が個人の不動産融資に流れていたのです。つまり半分以上が個人に流れた。その半面、各産業向け融資は三千四百七十一億元にとどまったのです。産業融資より個人不動産の融資の方が格段に多いということは何を意味しているのか。産業活動は活発ではなく、全然、ダメだという証拠に他なりません。ようするに大企業はもちろんのこと、中小企業も含めておカネはいらないといっているのです。

なぜか。それは中国経済の現状が厳しく、先行きが不安だからです。おカネを借りてまで生産を拡大したくないのです。

宮崎　産業活動はほとんど停止しているよね。不動産融資が増加していると指摘されましたが、それも新規に不動産を購入するための融資ではないでしょう。おそらく住宅ローンの「つなぎ融資」ではないかと思います。

石　それが大きい。産業向け融資の低迷、自動車産業の不振などを勘案すると、中国全体の産業は沈没に向かっている最中です。はっきりいって習近平は今回の米中貿易戦争で、強気でトランプに虚勢を張っていますが、それどころではないですよ。「お前たち（中国）の経済はこのままだったら、潰れる」と私は面罵《めんば》してやりたいぐらい（笑）。

宮崎　新車販売が大幅に落ちたということは、電気自動車の販売も影響を受けているの？

石　電気自動車の販売は増えています。ただ、そのウエイトは小さく、全体に及ぼす影響はほとんどありません。米国のウェブサイト「EVSales」が発表した世界の電気自動車の登録台数は二〇一九年一月は十五万三千六百九十五台と前年同月比八三％増加しました。このうち、上位二社はいずれも中国のメーカーです。今は新車を購入する時、電気自動車を購入する人の割合が増えているのは確かなようです。しかし、全体としては大きく落ち込み始めたのは事実で、一説には中国の電気自動車の故障率は高いともいわれています。

宮崎　トヨタとベンツはそれほど影響を受けていないようだけど、どういうクルマが影響を受けたのですか。

石　個人向けの乗用車が一番、落ち込みました。

宮崎　これまで中国人は見栄のためにみんな新車を買っていた側面があると思う。しかし、国民の収入が落ち込んで、そんなこともいっていられなくなったわけだ。

「サラ金国家・中国」の罠に注意せよ！

石　国内消費がダメだからということで、中国は活路を海外に求めています。そこで、習近平は「一帯一路」構想をぶち上げたのです。しかし、これも裏目に出た。

ＡＩＩＢの話に戻すと、投資も不良債権となって重荷になりつつあるのです。アメリカ金融機関の調査によれば、現在、中国が推進している一帯一路など海外プロジェクトの不良債権額は五百億ドルにのぼると試算されています。それを、どうやって処理するのか。
ひとつは債権放棄です。つまりもう投資はやめるというわけ。それから返済の遅延に応ずる「リスケ」（金融機関への返済が苦しくなった時に返済が可能な計画に変更すること）です。それか、借換えをやる以外に方法はありません。

宮崎　今、パキスタンはＩＭＦ（国際通貨基金）に救済処置を申請して、ずっと話し合ってきました。その結果、ＩＭＦは六十億ドル、そのほかにアジア開発銀行、世界銀行が二十億〜三十億ドル融資することに決定しました。それには一定の条件が満たされる必要がある。それは予算の削減に応じること、補助金を廃止すること、それから、中国と一番、関わり合いが深くて、中国と共同で推進しているプロジェクトの見直し、縮小、廃案の実行です。

パキスタンは、中国と「中国パキスタン経済回廊」（ＣＰＥＣ。港湾や発電所、道路などを建設し整備する）プロジェクトを推進することで合意しています。このプロジェクトは「一帯一路」の目玉とされており、この総投資金額は当初五百二十億ドル。それが、途中五百七十億ドルに、最終的には六百二十億ドルまで増加してしまった。この金額はパキスタン政府の国家予算の約半分。この巨額、パキスタンは返済できるのかな？

さらにIMFからの救済を求めると、債権国の債権放棄が現実問題として浮上してくる。その放棄する率はおよそ八〇％です。つまり、約五百億ドルを中国は放棄させられてしまう。

ちなみにパキスタンの外貨不足は深刻です。二〇一六年十一月、百九十億ドル以上あったパキスタンの外貨準備高は二〇一九年五月に八十九億ドルまで減少し必要最低限とされている輸入額の三カ月に届いていません。外貨が減少した理由は前政権が始めた中国との一帯一路のメインプロジェクトである「中国パキスタン経済回廊」（CPEC）を推進したことで、中国からの輸入が急拡大し貿易赤字が膨らんだことによります。麻生蔵相が喝破《かっぱ》したように「サラ金国家・中国」と付き合うとロクなことがない（笑）。

だから、パキスタンでは中国人を狙ったテロが続発

宮崎　中国はすでに借金のカタにパキスタンのグアダル港を四十三年間、中国海外港口控股有限公司を通じて租借することにしてしまった。港湾中心部二百八十ヘクタールを再開発して経済特区にする計画という。

その百二十キロ東にイランのチャバハル港があります。隣国インドはこの港を開発。この狙いは「インドがパキスタンを経由することなくアフガニスタンや中央アジア地域にアクセスできることと、グワダル港を拠点にしてインド洋に打って出る中国をけん制した」(産経新聞、二〇一八年五月三十一日付)ものです。

インドはその港から北上させた鉄道をアフガニスタンにまで延ばし、すでに稼働しています。その一方、パキスタンの鉄道工事も中国主導ですが、建設は遅れており、高速道路の建設もテロが危なくて工事は進んでいません。

中国人を襲撃するテロがパキスタンでは頻繁に起きていますよね。二〇一七年五月、グワダル港で中国人作業員十名が殺害され、二〇一八年八月には中国人が乗るバスを地元武装勢力が襲撃しました。そして同年十一月に最大都市のカラチにある中国領事館が襲われた。襲撃後、中国を敵視する地元武装勢力が「中国が地元の資源を搾取し続ける限り、中国による一帯一路プロジェクトへの攻撃を続ける」と警告していた。

石　「反米帝国主義打倒」ならぬ「反中華帝国主義打倒」が叫ばれるようになったわけだ(笑)。

宮崎　その警告通り、今度は二〇一九年五月、中国が一帯一路構想のメインプロジェクトとして位置付けている「中国パキスタン経済回廊」（ＣＰＥＣ）の拠点となっているグワダル港にある豪華ホテル「パール・コンチネンタル・ホテル」で中国人を標的にした襲撃事件が発生しました。同じく五月、バロチスタン州の州都クエッタでパトカーが襲われて、五人死亡しました。このことがパキスタン国内で大きな問題になって、中国人が働く工事現場をパキスタンの正規軍が守ることは矛盾だと批判が強まっています。

まず治安部隊一万五千人が投入されたのですが、それでも足りなくて、パキスタンの退役軍人を警備にあたらせ、最後は民間の警備会社にも依頼をしたのです。さらには、中国からブラックウォーター（民間軍事会社）がパキスタンに来て警備をしているという話です。この警備費はパキスタン政府持ち。ただ、「一帯一路」を妨害するテロは今後とも発生しそうで、パキスタン政府として、このプロジェクトが本当に存続できるのかどうか、近い将来最終決断が迫られることになるでしょう。「中国パキスタン経済回廊」プロジェクトが中止されたら、中国はどうするんだろうと思います。

こういうところで、不良債権が発生しても、中国には海外で一兆四千億ドルの資産があるから大丈夫だと豪語している。しかし、海外でこういった類の不良債権が露骨にドンドン表面化しているうえに、中国大手企業がドル調達を理由に海外資産を次々と売却しています。中国が自慢していた海外資産は対外債務となって切り替わってしまう危険性が高く、急速に萎んでしまうでしょう。かなり深刻な問題です。

トランプの兵糧攻めで「一帯一路」は自滅・自死の一途

石 ただ、習近平がアメリカに対して強気になった理由があります。二〇一九年四月に開催された例の第二回「一帯一路国際協力フォーラム」です。ヨーロッパから、イタリアの首相、日本の自民党二階幹事長が出席して、世界中の国家から代表が集まったことから、習近平は一時的にせよ、不安も飛んで、いささかいい気になってしまったのかもしれない(笑)。

しかし、冷静に考えてみれば米中貿易戦争が長引けば、中国は「一帯一路」どころの話ではなくなる。さっき宮崎さんの話にあったように、「一帯一路」はそもそもおカネがかかるわけです。しかも、アメリカ国債は、中国のドル資金獲得のための担保になっているから、もうこれ以上売れない。その一方で中国の外貨準備高は減少しています。というのも、中国の貿易黒字の六〇%はアメリカから稼いでいるわけですから、貿易戦争が拡大すれば、中国の貿易黒字が減って外貨が確実に枯渇していく。さらに、中国にとって、外貨は石油、食料品、ガス、輸入の決済として使用するので、最低限の外貨を確保していないといけない。

「一帯一路」は結局、兵糧攻めにあって、一貫の終わりじゃないですか。言葉は悪いけど、そのまま自滅、自死してしまう。トランプの貿易戦争には、習近平の「一帯一路」に対する兵糧攻めという「底意（狙い）」があったのではないかと思いますよ。正直、習近平の下にいろいろな国家元首が集まったのは、要はおカネが目当てです。そのおカネがなくなったら誰も中国には行かなくなります。最後に一番、バカを見るのはイタリアぐらいですね。

宮崎　いや、イタリアは別にバカを見ないですよ。中国に開発ができるなら、やってみろ、という態度じゃないかな。イタリアの北東部にトリエステ港があります。この港に中国の国有企業が整備拡張に乗り出す。それを中国が開発をしてくれるというのなら、面白いじゃん。ということなんですよ。

二十一世紀の「長征」と宴会三昧で抵抗するノーテンキな習近平

石　米中貿易戦争が拡大して長期化すると「一帯一路」が確実に終わる。それに対して習近平は持久戦というか長期戦で臨もうとしています。

『「いま再び新たな長い道のり（を進む闘い）が始まった」』。中国南部の江西省にある長征記公園で習近平は語った」（日本経済新聞、二〇一九年五月二十四日付）。

これは習近平が今回の米中貿易戦争を、中国共産党がかつて一万キロ以上の道のりを二年かけて「行軍」した「長征」になぞられて、国民にアメリカとの貿易戦争に対して長期戦を訴えたのです。が、中国にはそんな余裕はありません。そもそも「長征」は単なる敵前逃亡を言い繕っただけ。そんな言葉が出てくること自体、習近平の敗北を意味している。

宮崎　そうだね。四月の一帯一路の国際フォーラムで出席したのはＡＩＩＢに加わった八十四カ国のメンバーです。カネを欲しいと思っている貪欲国家ばかり。ラオス、カンボジアばかりかカザフスタン、エジプトなどは中国の財布を狙っているだけ（笑）。

石 習近平はどうにもならない指導者、「裸の王様」です。中国はいろいろな難問を抱えて切羽詰っている状況下で、習近平はノーテンキに何をやっているのか。「一帯一路」のフォーラムが終わった直後の二〇一九年五月十五日、習近平は北京でアジア地域の文化交流イベント「アジア文明対話大会」を開催し、自ら出席しています。またそこには、アジアの四十七カ国から約二千人が集まっていた。このイベントにどういうわけか、アジア文明とは関係のないギリシャの首相も行くなど、アジア文明と関係があるかどうかわからない国家ばかりが参加していた。

要は、習近平は中国のおカネを湯水のように使って、貧乏国家の元首たちを北京に招いて、盛大な宴会をやって訳の分からない対話を行う。それで、国民や世界に中国は凄いなぁと見せれば、それでおしまい。習近平政治の実力はこれぐらいです。「印象操作」をやっているだけ。

中国国民はそれを見て、本心では腹を立てていますよ。これほどの中国経済が深刻な状況で、習近平だけがいい気になって、悠長な文明対話をやっているけど、そんな場合かと怒っている。でも、こういうイベントをやればやるほど、中国共産党政権の終わりが近づくのだから、私は歓迎します(笑)。

「汚い中国許すまじ」は米国タカ派&ハト派共通の認識

宮崎　米中貿易戦争は、要するに、アメリカの利益・国益に直結している。それは、アメリカの歴史を振り返ると分かります。

トランプがアメリカ大統領になってから、アメリカはかなりハードな「中国敵視」を推進するようになった。たとえば、貿易戦争に関しては、『米中もし戦わば――戦争の地政学』（文藝春秋）の著者で、ピーター・ナヴァロという参謀がG20の米中首脳会談に同席していた。

ともあれ、アメリカの歴史を回顧すれば、大東亜戦争の時には日本を敵視して「真珠湾の罠」で日本をひっかけて敗北させた。

戦後は、共産主義国家・ソ連を敵視し、レーガンが軍拡競争（SDI・戦略防衛構想）に引きずりこんで崩壊させた。そのあと湾岸戦争や9・11テロが起きるとイラク・フセインやイスラム過激派を敵視し叩く。このように、敵視する対象が現れるとアメリカは突然、変わります。敵があってこそ、アメリカは団結して常に成長する。そして今、アメリカにとっての最大の敵は中国です。長距離核ミサイルを持とうとしている北朝鮮ももちろん敵ですが、当面の主敵は中国（中国共産党）ですからね。

石　習近平が愚かにも、その「米国の敵」という役割を率先して引き受けたわけです。「見事なバカ」としかいいようがありません（笑）。

ビンラディン、フセインがアメリカによって事実上抹殺され、プーチンは口先ではともかく、本気でアメリカには対抗しようとはしていない。そこで、習近平が「わしが、この役目を引き受けてしんぜよう」というわけでしゃしゃり出てきた。「能あるタカは爪を隠す」という故事も忘れ、「中国製造2025」だの「一帯一路」を大々的に公言し、チベット、南モンゴルに続いてウイグル弾圧も開始。

何度でも言いますが、これほどの愚かな指導者はない。敵がいなくてアメリカが「世界の警察官」の役割を放棄し、半ば漂流しかけていた時に、習近平が自ら喜んでこの悪役の役割を引受けた。このおかげで、アメリカは少なくても後、十年間は元気でいられますよ（笑）。

宮崎　要するに今、アメリカの対中イメージは「中国人と見たらスパイと思え」となっています。トランプ大統領が出席した非公式の財界人の食事会でもこのようなオフレコ発言が大統領自身から飛び出したようです。

『レクサスとオリーブの木』『フラット化する世界』（日本経済新聞出版社）の著者で、グローバル化を賞賛し、中国に甘かったハト派のトーマス・フリードマンでさえ、トランプの中国叩きを支持するようになった。もう、「汚い中国許すまじ」という雰囲気は左右を問わず全米をおおっていますよ。

石　中国語のネットワークの情報では、マサチューセッツ工科大学の今年採用の外国留学生の中に中国人は一人もいなくなったようです。いままでは毎年、百名以上の留学生を引き受けていました。アメリカは本気で中国排除を始めた。かつての「日本移民」排斥にも似ていますが……。

宮崎　これは中国の自業自得。さらに、アメリカ商務省はＥＬ（エンティティー・リスト）というものを作りました。国家安全保障上に重要な情報、ならびに技術を中国の国防産業につながっている企業に提供したら罰金、もしくは制裁を科すことになりました。その対象企業リストがＥＬと呼ばれるものです。

このリストに半導体メーカーの福建省晋華集成電路（ＪＨＩＣＣ）が入った。この会社は習近平の肝いりのハイテク産業育成策「中国製造２０２５」の目玉の国策会社です。

アメリカはこの会社への半導体製造装置の輸出を規制し、さらにアメリカ連邦大陪審がアメリカ企業から盗まれた技術が同社に渡ったとして訴追した。

このため、同社の量産計画は棚上げとなってしまった。中国福建省に東京ドーム八個分の広い敷地に新しい半導体の大工場が完成し、二〇一八年夏に一千人の従業員を採用していたのですが、従業員は全員解雇されて、生産はできなくなり、今では、この工場にぺんぺん草が生えてしまっている状態です。このようにELはすごい効果を米中のハイテク戦線分野で発揮しています。

石　いやぁ、慶賀の至りだ（笑）。何といっても良かった。習近平は見事にアメリカという「眠った獅子」を起こして敵に回した。それは日本にとっても本当に良かったことです。

宮崎　それは習近平、最大の誤算。アメリカとの貿易戦争は、またボーイングから大量に旅客機を購入すれば解決すると簡単に思っていたのでしょう。

石　いや宮崎さん、何をいっているのですか、これは習近平の最大の功績ですよ（笑）。

宮崎　いや、政治家のリーダーシップという意味からいえば、やはり誤算だよね（笑）。

マルクス・神頼みの政治運営

石　トランプ大統領が五月に国賓として来日して、安倍首相と共にいずも型護衛艦「かが」に同乗したのを見て、もはや、習近平は安倍首相に泣きつくしかないと思ったかもしれないね。ともあれ、アメリカは、中国に対する制裁関税を解除するような下手な妥協はしないですね。

宮崎　麻生太郎財務相も中国には冷たい。フィジーのナンディで日本、中国、韓国に東南アジア諸国連合を加えた「ASEANプラス3」の財務相・中央銀行総裁会議が二〇一九年五月に開催された時、中国の劉昆財務相と会談をした折、「中国が一部の途上国に巨額のインフラ整備向け融資を行い、相手国が返済が困難になっているケースがあることを念頭に、『債務の持続可能性』の重要性を伝えた」（読売新聞、二〇一九年五月三日付）。

その後の記者会見で、先述したように、麻生財務相は「サラ金（消費者金融）の多重債務のように（返済困難に）なる可能性がある」（同）と、中国のやり方を「サラ金」と同じじゃないかと批判した。これは、きつい批判だったけど、いつもの麻生節を「失言」と批判する日本の新聞も批判することができなかった。言い得て妙だったからね。

いずれにしても、米中貿易戦争の真因は次のハイテク（5G）争奪です。この解決が延びれば延びるほど、中国では産業の空洞化が進むことになる。たとえ中国がアメリカと妥協したところで、今さら中国から出ていった外国企業がまた中国に戻ってくることはない。

石　その通りです。一年後に米中で妥協が成立しても意味がない。外資系企業は中国から逃げ出した後ですから。中国から逃げるときに当局からその企業は税務上のさまざまな嫌がらせを受けますが、それでもみんな逃げていきます。それが資本の論理だからです。

そうなると次はどうなるか。

反習近平派の面々たちは中国経済がダメになったら、彼を引きずりおろすことを考えている。こういう人たちは、内心では中国経済がガタガタすることを実は祈っているのです。習近平の対米政策の過失による経済ダメージが中途半端では反習近平派は活発に策動することができない。とはいえ、習近平は政権の全責任を自分が負うと一応宣言をしているから、中国経済が本当にダメになればなるほど、反習近平派はみんな喜ぶ。

宮崎　そういえば、最高指導機関の中央委員会総会は今年はまだ開いていないでしょう。

石　本当は開けないのでしょうね。

宮崎　二年連続して開いていないね。

石　開けば、中央委員会で習近平が批判されることが分かっているからでしょう。二〇一九年十月に、中国（中共）は建国七十周年を迎えます。ここまで頑張れば、華々しく祝典を開き、国威を取り戻せると、習近平は期待しているんでしょう。マルクスの神様にお願いしているのかもしれません（笑）。

藁（日本）にすがる習近平

宮崎　「溺れる者は藁をもつかむ」という諺がありますが、習近平にとって日本は唯一の救いの「藁」だよ。これから日本に秋波《しゅうは》を送ってくる。だけど、それに乗ってはいけない。日本のマスコミはすぐに、「隣人が困っているなら助けるべきだ」という論調を展開しますが、過去、何度も日本は中国を助け、その後、裏切られて日本は辛い思いをさせられたことを思い返すべきでしょう。

天安門事件の後、日本が西側諸国の中から最初に中国に手を差し伸べたことがありました。それで中国は助かったわけじゃないですか。天皇の訪中（一九九二年）もありました。

にも拘らず、中国共産党は、反日教育を一層強め、日本固有の領土である尖閣諸島に軍艦を派遣し、中国の領土だと主張する。あまりのお人好しから日本は決別すべきです。

こうした中、日本のトヨタがなぜ、中国にとどまっているのか。中国で稼いだ金を日本に持ってこられないからです。だから、中国で稼いだ金で、また工場を建設するしかない。中国ではひとりあたり一年に五万ドル以上、海外にもちだせません。外貨不足の中国は、外貨を持ち出されたら困るわけで、日本円一万円を人民元に換えるときでさえ書類が三枚必要になる。

石　貿易戦争の副産物として、ある日突然、中国観光客による爆買いがなくなるかも知れませんね。アメリカから稼ぐ貿易黒字がだんだん少なくなり、外貨が足りなくなると、外貨統制が始まるのは明らかです。中国国民が海外で使う外貨持ち出しを一段と制限するに決まっています。

宮崎　もう、中国人ツアーの爆買いは終わっています。おみやげを全然買わなくなった。

それゆえに、米中貿易戦争で、日本もそこそこ傷を負うと思います。中国のファーウェイや鴻海に部品を供給している日本の企業に村田製作所、日本電産、ローム、堀場製作所などがありますが、こういうところは当然、輸出減になり影響を受けるでしょう。こうした会社の株価はじわりと下がっています。

ただ、全体の影響はGDPベースで、日本は〇・五%ぐらいのマイナス要因になる程度でしょう。公共事業を日本はピークに比べて半分の水準にとどまっていますから、いざとなったら、日本は積極的に財政出動すればいいだけの話です。また、輸出の黒字はまだまだ続きますからね。中国経済がコケても日本はそこそこの経済成長はキープできると思います。

石 つまり、米中貿易戦争に関して、日本は「高みの見物」とまではいかなくても、日本経済大幅減速とか恐れる必要はないということですね。中国からベトナム、タイ、インドなどに工場なども移転していくといった風に対処していけば、中国との「腐れ縁」の解消も進み、かえって、十年先、二十年先は日本経済は安泰となるでしょう。

宮崎 もっとも漁夫の利はインドに転がり込むでしょうけれど、じつは、「高見の見物」をしている賢い国はロシアですよ。

第二章

侵略国家中国は、ソ連同様「人権」で滅びる

「ユダヤ虐待・ヒトラー」&「ウイグル虐待・習近平」

宮崎　米中が揉めているのは、貿易戦争以外では、人権問題が昔からあります。天安門虐殺はその象徴。今はウイグル問題が国際的にも注視されるようになった。最近まで新疆ウイグル自治区で住んでいるウイグル人はイスラム教徒で、キリスト教であるアメリカはこの問題にほとんど関心がなかった。ところが、前章でも触れた、ペンス副大統領の演説がキッカケとなり、中国ではキリスト教やイスラム教を弾圧して教会を破壊し、聖書を燃やしていることがアメリカ中に知れ渡った。ペンスは、こう述べています。

「宗教の自由に関していえば、中国のキリスト教徒、仏教徒、イスラム教徒に対する新たな迫害の波が押し寄せています。中国政府は先月（二〇一八年九月）、中国最大級の地下教会を閉鎖しました。全国的に当局は十字架を取り壊し、聖書を燃やし、信者を投獄しています。（中略）中国はまた仏教も厳しく取り締まっています。過去十年間百五十人以上のチベットの僧侶が中国による信仰と文化への弾圧に抗議をするために焼身自殺しました。そして新疆ウイグル自治区では、共産党が政府の収容所に百万人ものイスラム教徒のウイグル人を投獄し、二十四時間体制で思想改造を行っています。その収容所の生存者たちは自らの体験を中国政府がウイグル文化を破壊し、イスラム教徒の信仰を根絶しようとする意図的な試みだったと説明しています」

それでアメリカ国民の態度は宗教を不当に弾圧する中国は許せないと一八〇度変わり、ウイグル問題にものすごく関心を持ち始めました。

石　あの演説は衝撃的で、アメリカが中国に「宣戦布告」をしたような演説内容でした。大東亜戦争のきっかけとなったアメリカの対日「ハル・ノート」みたいなものでしょう。

長年、中国はチベット自治区、新疆ウイグル自治区でいろいろな弾圧をやって来たのですが、中でも一番、酷いのは近年、ウイグル自治区で中国のやっている野蛮行為です。それは、ハッキリいってドイツのヒトラーと同じ手法をそのまま真似て使っているからです。つまり、ヒトラーはユダヤ人を何百万人、強制収容所に入れて民族の粛清を図りました。

ひとつの民族をまるごと強制収容所に入れてしまうやり方を中国はウイグルで実際、

行っているのです。

それまでにも、ウイグルには、漢民族を次々と移住・移植させ、今や人口比も五分五分に近くなっている。漢民族の男性とウイグル人の女性と結婚させることを目的に、若い男性ウイグル人には職を与えるという名目で、強制的に沿岸部に連れていき、ウイグル人女性は上海などで働かせたりしている。そういう風に、ウイグル人の若い男女を切り離し、ウイグルの民族の血を薄めさせようとしている。これも、一種の民族の浄化、同化政策でしょう。まぁ、ナチスはユダヤ人とドイツ人たちとの結婚は奨励はしていないから、その点、中共は柔軟ともいえるけど、かえって怖い。

宮崎 今の中国が新疆ウイグル自治区でやっていることは、弾圧の域を超えて、民族・文化の消滅、ホロコースト（組織的に行う大虐殺）といえるものだよね。武装警察を新疆ウイグル自治区に十五万人も派遣、そして街中いたるところに監視カメラを設置してウイグル人すべてを監視しています。公園のトイレに行くにも、スーパーに入るにもボディチェックされます。そしてウイグル人が三人集まったら、警察官が飛んできて拘束されてしまう。

石 現在明らかになっていることは、ウイグル人が百万人単位も強制収容所に入れられているという事実です。そこまで、中国が新疆ウイグル自治区で人権を無視した無謀な弾圧をしているのに、自由世界が中国に抗議の声を上げないのはおかしいと思います。でないと「自由・人権尊重」を基本理念としている西側の価値観は崩壊してしまうでしょう。そういう意味で、日本ももっと抗議の声を上げるべきだ。

宮崎　イギリスに朝日みたいな、ガーディアンというリベラルな新聞があります。そんな新聞とて、先日、偵察衛星から撮影された新疆ウイグル自治区の写真を掲載していた。その写真を現在と昔を比較すると、以前、九十一もあったモスク（イスラム教の礼拝堂）が今は見る影もなく、ほぼ完全に破壊されてしまっていることが分かる。一部は観光客向けに残したみたいですが、建物の内部はお土産屋とか共産党の宣伝看板が掲げてあり、モスクでなくなっているという。

ウイグル自治区にはその土地に根付いた独自のイスラム教があります。たとえば南にホータン市がありますが、その周辺にあった多数のモスクは八世紀に建てられて、イスラム教の偉い僧侶のお墓があり、かなり芸術的にも価値がありました。が、すべて破壊されてしまいました。さらに、リャンムキン鎮のある地区では八棟あったモスクのうち七棟が完全に取り壊され、残った一棟も厳重に監視されているようです。

二〇一六年〜一八年にかけて、この地区に住んでいるすべての住民を遠く離れたキャンプ施設に収容して、その間にモスクを徹底的に破壊し尽くしたのです。外国人旅行者によるトレッキングはその期間は禁止してしまった。そんなこともあって、モスク破壊という事態を西側諸国は誰も当初、知らなかったのです。しかし、最近になって、衛星写真の比較、分析で分かった。ようするにモスク破壊というのは、歴史を砂の中に埋めてしまうような暴挙です。

また、イスラム教の偉い指導者はイマームと呼ばれていますが、多くのイマームもどうやら、「教育による回心」のためという理由で強制収容所に連行してしまったようです。ペンス副大統領は、先の演説で百万人のイスラム教徒を強制収容所に入れていると主張していましたが、実は百五十万人ではないかという観測が流れています。

この強制収容所の存在そのものは、中国も正式に認めています。ただ、彼らはあくまでも「収容所」ではなく「再教育キャンプ」と呼んでいる。しかし、「過激な宗教思想に染まっている」疑いがあると一方的に決めつけた上で、多くの住民を裁判など法的な手続きをせずに強制的に収容してしまっている。これはやはり「強制収容所」というしかない。

また、イスラム教で重要な宗教行事である「断食」（ラマダン）も中国共産党は妨害しています。各家庭や学校、公的機関でラマダンを行えないようにし、それに従わなかったら罰則を与えている。

こうした人権、宗教弾圧を中国は新疆ウイグル自治区だけではなく、チベットでもずっと行ってきました。その前が内モンゴルでした。中国は、本気で人類の歴史からイスラム教、チベット仏教を消去しようとしているとしか思えません。まさに神をも恐れぬ、ヒトラー並みの暴挙です。そのようなことを許してはいけない。

「大躍進」「文革」の恐怖が再び襲う

編集部　二〇一一年七月二十三日中国の温州市で高速鉄道衝突脱線事故がありました。沢山の死傷者が出たにもかかわらず、印象的だったのが事故で破損した車両を七月二十七日、事故現場近くの高架下に埋めたことです。当局による証拠隠滅と非難されて、再び掘り起こされたことがありました。モスクを破壊し埋めるという行為は、それと同じことでしょうか。

宮崎　あの事故は、車両を埋めているところを日本のテレビ局（テレビ朝日）が撮影し放映したので、世界中にばれてしまった。中国は都合の悪いことは徹底的に隠す体質があり、これは中国の伝統というかお家芸（笑）。焚書抗儒《ふんしょこうじゅ》をした始皇帝以来、歴史的にそういう民族であるといえます。

中国ではよく炭鉱事故が起きています。すると、事故の情報を摑んだ新聞記者はその事故現場へすぐに向かう。しかし、現場に着くと、炭鉱会社から記者はたっぷりと接待を受けるのです。ときに女付きの接待を受けます。それで、さらには悪い記事にしないということで「原稿料」をたんまりと頂くのです。そして、何もなかったように帰ります。ですから、中国では炭鉱事故が報道されたことはほとんどないし、たまに報道されても被害は「針小棒大」の反対の「棒大針小」となる。今は石炭の需要は減っていますが、それまで中国では、年間五千人〜八千人が炭鉱事故で死んでいるのです。

もうひとつ問題なのは、違法に誘拐してきた少年たちを炭鉱で強制労働をさせていたこともあります。これまで一切、中国ではそうしたことが報じられてこなかった。しかし、イスラム教徒のモスク破壊という共産党の暴挙が指弾されるようになって、これからこういう酷い話はドンドン出てきて、人権後進国の実態が暴露されていくことになるでしょう。

石　重要なことは、宮崎さんが指摘したように、中国のやっているウイグル自治区での人権弾圧をアメリカが本気で問題視しはじめたことです。単なる米中の貿易問題ではなく、ある種、文明・文化国家を破壊する野蛮国家との対立、闘いといっていいでしょう。そもそも、第二次世界大戦当時のドイツ・ヒトラーの政策を習近平は再現している。恐るべき野蛮たちというしかない。

いずれにしても、ヒトラーの「ユダヤ人大虐殺」と同じ手法を「新疆モデル」と呼んで、習近平は本格的に導入しようとしています。実に恐ろしいことです。人類の進むべき正しい方向に、真っ向から対立しているのは習近平です。それは人類の歴史を再び「暗黒の時代」へ戻すことを意味します。

ただ、習近平からすると「新疆モデル」が今後、中国経済が崩壊して中国国内が大混乱に陥ったとき、唯一、中国共産党を救う手段だと思っているのです。

こうした残酷非道な統治方法が歴史的にみると中国では成功しています。中国で内戦が起きるたびに大虐殺されて人口が大きく減るという歴史を繰り返してきました。中国の王朝は百年か二百年が経過すると崩壊の危機を迎え、内戦状態になります。内戦になると極端な例だと人口が半分に減ってしまいます。ですから、中国の人口は十六世紀以前まで五千万〜八千万人にとどまっていました。

そして十八世紀の清王朝になると、人口は四億人をはじめて超えたのです。その清王朝の時、一八五一年に、「太平天国の乱」（王朝の腐敗に抗議した中国人のキリスト教徒による大反乱）が起き、市民が犠牲となって一説には五千万人が死亡したといわれています。

また、共産党政権下での大躍進政策（一九五八年〜六一年に起きた農業と工業の大増産政策。しかし、結果的には少なくとも数千万人が餓死した）、文化大革命（一九六六〜七六年に毛沢東主導による粛清革命で、数千万人が死亡した）も同様で多くの市民が犠牲となった。

同様に、今後、習政権の失政によって、香港のみならず、国内で何十万、何百万人の大抗議デモが発生したら、それを抑え付ける方法として「新疆モデル」が有効だと習近平は思っています。それが中国の伝統でもあるからです。天安門事件でも同様に武力による弾圧が実行された。

ただし、さすがに国際社会の批判を気にして、そのあとは軍隊ではなく武装警官による鎮圧体制を構築し、少しソフトに見せるようになった。ですから、香港や新疆ウイグル自治区やチベット自治区で、市民を監視して弾圧している武装警官は、中央政府に褒められています。

習近平政権からすると、人権侵害どころではない厳しい現実が横たわっているのです。今の国家体制を維持するためには、ひとつの民族をまるごと浄化・消滅させるくらいは平気です。世界中から人権侵害の批判を浴びようが、政権を維持するために「新疆モデル」が有効と思えば、躊躇することなく、これから先も北京や上海、そして「容疑者引き渡し」可能な条例改悪に反対する百万人デモ（二〇一九年六月九日）をやってのける香港でも実行しようとするに違いないのです。

宮崎　六月九日の香港デモは世界が報じましたが、同時にニューヨーク、バンクーバー、東京でも呼応したデモと集会が開かれました。そのあと二百万人のデモ！

ファーウェイの「スマホ」は、ヒトラーより恐ろしい「新疆モデル」を拡大

石　人権を無視し、人民を徹底的に監視する「新疆モデル」を実際、作り上げたのは新疆自治区の共産党書記の陳全国です。

習近平は今年四月、共産党政治局委員の胡春華《こしゅんか》を連れて、重慶市を視察しました。

重慶市は習近平の可愛がっている部下、政治局委員陳敏爾《ちんびんじ》のおひざ元です。この視察はある意味、陳敏爾を褒め、肩入れすることを目的にしていました。
その視察から、ひとつの観測が生まれてきた。習近平の考えている後継者は陳敏爾と胡春華ではないかということです。私が一番、気にしたのは重慶市視察の折、座談会で着席した順番でした。この座談会に党の中央幹部たちも出席したのですが、重慶市トップ陳敏爾を、主席の席に座らせたのです。この様子を見ると、習近平が考えている体制は、政治と党の運営は陳敏爾に、行政と経済は胡春華にやらせるのじゃないかという推測が成り立ちます。
宮崎　ありうるね。
石　そこでもう一つ注目すべきなのは、習近平は新疆自治区党書記の陳全国をわざと重慶に呼んできて、会議に参加させたのです。しかも、陳敏爾と並んで主席の近くに座らせたのです。そこで生まれる可能性の一つは、もし習近平の後継体制が前述の陳敏爾・胡春華体制となった場合、肝心な中国共産党中央規律検査委員会、警察、公安関係は陳全国に引き継がせることです。そうなると、「新疆モデル」が中国全土に広がる可能性は非常に高くなる。中国国民全員を完璧に監視して支配する。ジョージ・オーウェルの『1

984』の完成です。

中国共産党には伝統的な監視方法があります。私も子供時代に体験しました（『私はなぜ「中国」を捨てたのか』ワック参照）。それは国民同士で監視させる方法です。隣人を監視し何かあれば当局に密告させる手法です。AさんをBさんに監視させ、BさんをCさんに監視をさせるのです。Aさんが不穏な動きをすればBさんはすぐに当局に報告をする。たとえば、政府に対してAさんが不満を言ったら密告をするわけです。それは家族・親子同士でも監視させます。それは昔ながらの原始的な密告奨励システムです。

そこに二十一世紀ならではの新しい監視システムが出てきた。言うまでもなく、街中に設置した監視カメラです。それで、全国民の行動を当局は摑めます。

また、中国の通信機器最大手、ファーウェイが製造販売しているスマホで管理することも可能です。携帯端末で誰とどのような会話をしたのか、すぐに分かってしまいます。現在、新疆ウイグル自治区では監視カメラ、携帯端末で、人々の一挙手一投足をすべて管理・監視しています。

宮崎　それだったら携帯電話やスマホを持たなければいいじゃないのと思うだろうけど、そうは問屋が卸さないよね。

石　ええ。今では携帯、スマホを持たなければ、中国では日常生活の支払いもできないからです。中国では、偽札対策もあって、現金決済よりキャッシュレス決済があっという間に普及してしまった。

たとえば、ＱＲコードによる決済は日本ではまだあまり普及していませんが、中国では大道芸人への支払いもそれでやれるぐらい普及しています。公共の電車バスの切符もキャッシュレス購入可能です。つまり携帯・スマホを持たないと市民生活がほぼできなくなっているんですよ。

ただし携帯・スマホをもったら、自分のやっていることは政府に全部、筒抜けです。日本でも、スマホで、アマゾンでエロ本を買ったりしたら、そんな本の広告が次々と届くでしょう。でも、スマホなんかで反政府的な本を買ったり、反政府的なテーマを調べたりしたら、その情報は、中国では民間会社ではなく共産党当局に知られることになる。さらに、当局を批判しようものなら大変なことになります。人権なんて関係ありません。実に恐ろしいことです。

こんなＡＩによる監視システムがなかった頃のヒトラーのファシズム、スターリンのコミュニズム体制より何十倍も恐ろしい完全支配の社会が、新疆ウイグル自治区をはじめ中国でこれからますます広がると予想されます。しかも、習近平は「一帯一路」を通じて世界中にこの「新疆モデル」を導入するつもりです。そして、世界の指導者になることを目論んでいると思っています。
　私は何が言いたいのか。簡単な話で、ようするに我々が中国製のスマホを使ってしまえば、簡単に「新疆モデル」の世界版の中に入ってしまう。ファーウェイが栄えることの危険性はここにあります。

宮崎　ファーウェイに限らず、それ以外の携帯を使っていても、ファーウェイの「製品」が内部にあると、そのデータを中国に盗み出されることになるから、どこのメーカーの携帯を使っても同じかもしれない。
　私も、『AI監視社会・中国の恐怖』（PHP新書）という本を書きました。日本だと、悪質な交通事故（ひき逃げ）や誘拐犯を逮捕するために、犯罪が起こってから、道路設置の当局の監視カメラ以外に、周辺の民間人やタクシーなどの「監視カメラ」などを取り寄せるけど、中国の「監視カメラ」は、そういうレベルの使われ方じゃないからね。すべて官製の監視カメラ。そして顔認証システム付き。なにしろ江西省南昌の六万人収容のスタジアムで音楽祭が開催されたとき、そのなかから三十三人の手配容疑者（六十人という説もある）を割り出して拘束したほどのスグレモノですからね。
ドイツの社会学者セバスチャン・ハイルマンは、そんな中共に関して「中国のビッグデータは国民を見張っている」ということで「デジタル・レーニン主義」と名付けました。かつての「マルクス・レーニン主義」のもじりだけど、「デジタル・毛沢東（習近平）主義」と言ったほうがいいのかもしれない。彼は、「もはや中国の監視体制は、『オーウェルの世界』を超えた」とまで指摘していた。

石　その通り！

ラビア・カーディルがノーベル平和賞を取れば

宮崎　今、石さんが言った陳敏爾は、二〇一六年に重慶市共産党書記に赴任しましたが、もともと浙江日報社長でPRの才能があった。「おまえ、よくやった」と習近平に評価されて、中国で最貧地区の貴州省で、ビッグデータ産業の拠点「貴陽新区」を作り、いろいろな特典を与えたところインドのIT企業が進出するなどして、成功させたのも陳敏爾です。これを起爆剤として貴州経済の発展を実現したという実績もあります。

陳敏爾はもともと共青団（中国共産党の青年組織、共産主義青年団）に近いと思われていましたが、スルっと身をかわして、今は習近平べったり。これも中国の役人にありがちなゴマすりの典型です。

もうひとつ、石さんの指摘された重慶市ですが、現在、経済的に非常にうまくいっていない。おそらく、このままでは最悪の経済モデルとなります。具体的にはアメリカの大手自動車メーカーGMは重慶市の工場を閉鎖するといっているし、他の基幹産業の工場も追随するような状況です。

第二次世界大戦後に国民党の蔣介石が中国本土から台湾へ逃げる前、重慶市は重化学地帯としてすでに、化学プラントやセメントプラントなどがあり、その当時、活気づいていた。ただ、今では製造設備の老朽化がひどく、共産党幹部とマフィアとの暗躍もあって経済が滅茶苦茶になっている。そこで、スキャンダルで失脚した薄熙来《はくきらい》の後任に共青団のスターといわれていた孫政才《そんせいさい》を重慶市共産党書記に投入したのだけれども、彼もまた党規違反で捕まってしまった。

それで陳敏爾が孫政才の後釜に重慶市共産党書記に赴任したのです。それ以前、陳敏爾は貴州省の書記をやっていていた。

習近平は陳敏爾に手柄を立てさせたいと思って、先ほど述べたように、貴州省にビッグデータの産業拠点を造らせたのです。

その実績をひっさげて、今度は重慶をやれ、となった。しかし、重慶市は習近平が支援をするものの経済的にはまったくうまく行っていません。失業者が多くて、重慶市主催でこの間、求人フェアを実施したところ、出展企業はゼロだったのです。マンガみたいな話になっています。自分が目を掛けた部下は、何としてでも実績をあげさせたいという思いが習近平にはあるけど、いまのところ空回りしているね。これも自業自得かな。

話を元に戻しますが、中国のウイグル対策だけれども、アメリカがどこまで、批判を強めていくかがポイントです。アメリカ国務省、国防省の幹部たちが安全保障で南シナ海云々という話から、最近になって、いきなりウイグル批判、人権問題に言及していることから、かなり、中国は慌てているようです。

石　いずれにしても、ワシントンをはじめアメリカ全域にわたってウイグル問題で中国批判が集中している事態を分析すると、かなり本気と見ていいと思う。一過性の問題と考えるのは間違いでしょう。しかし、中国は「新疆モデル」をますます拡大していきたいと思っており、それが陳全国の人事にも反映されている。この人権問題でも、貿易摩擦以上に、米中の対立は激しさを増してくるものと推測されます。

宮崎　新疆ウイグル自治区で実業家として成功したラビア・カーディルさんは、中共に逮捕投獄されたのちアメリカに亡命して、自叙伝『ウイグルの母　ラビア・カーディル自伝』（ランダムハウス講談社）を書いている。ウイグル人として中共を徹底的に批判していて、日本にもよく来ているけど、彼女は今年のノーベル平和賞を取るかもしれないね。

内外で相次ぐ中国憎しのテロに頭をかかえる中共

石　取るといいですね。ところで、アメリカを中心とした文明社会はウイグル問題をどうするのか。その問題に絡んで、もうひとつ、大事なことは習近平が提唱している「一帯一路」シルクロード計画です。この一帯一路の参加をイスラム諸国にも呼び掛けています。イスラム教徒のウイグル人には強烈な弾圧を行いながら、その一方で他国のイスラム教国家には頭を下げて参加を呼びかける。イスラム教国家と中国は衝突を起こすかも知れないのに、これをどのように分析したらいいのでしょうか。

宮崎　ご承知の通り、北京で第二回の「一帯一路国際協力フォーラム」（二〇一九年四月二十五日～二十七日）が開催されました。前回（二〇一七年五月）いそいそと出席したトルコのエルドアン大統領は今回、欠席した。というのも、新疆ウイグル自治区に、トルコ系ウイグル人で有名な詩人（アブドゥレヒム・ヘイット）がいました。その詩人が拘束されて強制収容所の中で死んだ、というニュースが流れたのです。それに対してトルコ政府は中国政府に「これは人類の恥だ」といって強く抗議をした。トルコ外務省は声明で百万人以上のウイグル族が自治区の収容所などに恣意的に拘束され、拷問や洗脳の対象となっていることは「もはや秘密でない」と主張し、収容所閉鎖を求めた（日本経済新聞、二〇一九年二月十三日付）のです。そこまでトルコ政府は中国政府を批判しました。

その反面、エジプト、キリギス、カザフスタン、サウジアラビアなどイスラム教国家の代表者はこの一帯一路の国際フォーラムに出席している。おかしいじゃないか。イスラム教徒の同胞が新疆ウイグル自治区で虐殺、弾圧されているのに、恥知らずにもエジプトのシーシ大統領はニコニコしながら、習近平と握手をしている。それでいいのか、そんなことが許されるのか、という問題がある。

しかし、考えてみたら、サウジアラビア、エジプトもカザフスタン、タジキスタンもみんな中国と同様に独裁国家なのです。エジプトを民主主義国家などと誰も思っていないでしょう。軍出身のシーシ大統領は四月の憲法改正で最長二〇三〇年まで任期を伸ばすことができるようになり、裁判所や検察幹部の指名権が与えられたことから、反対派の弾圧が厳しくなることが心配されています。独裁者シーシ大統領は中国の独裁者・習近平と非常に「馬が合う」という。やっぱり世俗イスラム圏というのは、イスラム教の信仰というのは二の次なんだね。彼らにとって、「新疆ウイグル」的監視体制は導入したいぐらいだから（苦笑）。

石　イスラム原理主義の矛先が中国に向かう可能性はありますか。

宮崎　これは、かなり前からあった。五年前にイスラム原理主義者はビデオを流して、「中国を血の海にする」といっていたから、いつやるのかと思われていました。

ところが、実はすでにテロは頻繁に起きているのです。時系列で言えば、二〇一三年十月ウイグル族の親子三人（夫婦とその親）がジープで天安門金水橋で自爆テロを実行したことは広く知られていますよね。また、雲南省昆明市の昆明駅で二〇一四年三月一日、刃物を持ったグループが無差別に通行人を切りつける事件を起こし死者は二十九人、負傷者は百三十人に及びました。

さらに二〇一四年五月、新疆ウイグル自治区の区都ウルムチ市のウルムチ南駅で爆破事件が発生し三人が死亡、二〇一五年三月六日広東省広州駅で刃物を持った男がいきなり相次ぎ通行人に切りつける事件もあった。

また、中共政府は公表を避けているけど、二〇一〇年十月に南京市でプラスチック工場で大爆発があった。箝口令《かんこうれい》がひかれてしまい、犠牲者などの数字ははっきりしませんが、一説によると死者は三百人を超えたといいます。原因は従業員がパイプを破損させて、そこから噴き出したガスが引火して大爆発につながったといわれていますが、テロという話も出ています。

加えて二〇一五年八月十二日に天津市で大爆発事故があった。ここでは、死者は百六十五人、行方不明八人、負傷者七百九十八人の大惨事となりました。これも真実は分かりませんが、南京市の工場爆発と同様にテロではないかといわれています。

最近では上海市の繁華街、南京路でクルマが突っ込んで死傷者が出たという話もあります。この事故は単発的で、中国ではこうした事故を簡単に処理してしまうけど、背後にIS（イスラム国）みたいなテロ組織があり、コミュニケーションが取れている可能性があります。ですから、こうした単発な事件・事故でも、テロ組織の命令によって、仕掛けられたとも考えられるのです。こうしたことがドンドン、起きることを中国共産党は一番、恐れている。

一方、中国に対するテロは国内ばかりではありません。スリランカの最大都市コロンボなど三都市で二〇一九年四月二十二日、教会や高級ホテルなど八施設で爆発が起きました。これによる死者は二百人を超えて、日本人も一人犠牲となったのは記憶に新しいところです。スリランカは中国の推進している一帯一路に深く関わり合っています。それに対する抗議だといわれており、今度はどこが狙われるのだろうかと、スリランカ市民は怯えています。

スリランカにはイスラム関係のテロリストが二百人以上も潜んでいるといわれていて、テロリストたちはどうやって、スリランカに火薬、起爆装置を持ち込むことができたのか。スリランカの軍隊が横流しをしたのではないかと、見られています。テロリストはインド、バングラディシュ、モルディブから入ってくるようです。彼らは、スリランカ国内で密かに作られたイスラム教徒の組織と連絡を取り合って今後あちこちで自爆テロを実行するのではないかと懸念されています。実は、テロリストがスリランカで自爆テロを実行するという情報をインド政府は摑んでいて、スリランカ政府当局に流したようです。しかし、スリランカ政府当局は十分な対応を取らなかったと聞いています。

いずれにしても、同様なことが中国の国内外で頻繁に起きる可能性は十分あると思います。中国にとってテロ事件はやっかいで嫌なことです。この点でも中国はますます大変になると思います。でも、それは国内の監視システム強化による人権弾圧へのしっぺ返しの側面もある。因果応報というしかない。国内で監視され、反中共テロの被害も受ける国民にとってはたまったものじゃないけど……。

アジアでの反中国包囲網が形成されつつある！

石　否応なく、中国は針路を変更する可能性もある。というのも、一つは習近平が国家主席（二〇一三年三月の第十二期全人代で就任）になって六年以上が経過しましたが、明らかに自由世界を敵に回してしまったために、旧来のイケイケドンドン路線が挫折しかけているということです。

私は最近になって喜んだことがありました。二〇一八年十一月以来、アメリカ海軍が、二〇一九年一月、三月、四月と相次いで軍艦（ミサイル駆逐艦、補給艦）を台湾海峡を通過させたことです。さらに特筆すべきは、フランス海軍も四月二十四日、台湾海峡にフリゲート艦を派遣し通過させましたよね。

欧米諸国の軍艦がこうした行動をとった例は、最近はほとんどありませんでした。中国との軋轢をフランスは覚悟しての行動だと推測されます。フランスはアメリカの「航行の自由」作戦に同調したもので、今後、こうした流れは強まるものと予想されます。「台湾統一」を目論んでいる中国にとっては、台湾海峡を勝手に通過するアメリカやフランスの艦船の行動は許しがたいと思っているはずです。

フランスの外交は実にしたたかです。習近平が二〇一八年、ヨーロッパを歴訪した時の最大の成果はイタリアを「一帯一路」プロジェクトに参加させたことにあった。その後、習近平はフランスを訪問してフランスのエマニュエル・マクロン大統領と会談し、エアバスを大量に買うことにした。その見返りを期待したものの、マクロン大統領は「一帯一路」に積極的に参加しない姿勢を習近平に示した。中国にとっては踏んだり蹴ったりの結果となったわけです。フランスはそういう意味で外交はしたたかだと思います。日本も見習うべきでしょう。

フランスは「美味しいもの（旅客機売却）」は食べておきながら、決して筋の通らない中国の要求には乗らない、拒否をするだけの矜持《きょうじ》を持っていた。

宮崎　フランスが台湾海峡に軍艦を派遣した理由に、石さんが指摘したようにアメリカの「航行の自由」作戦に同調した点もありますが、もうひとつ重要な理由として、実はフランスの国益・利害にも深く関係していることを見逃してはいけない。

それはまだフランスの「植民地」が南太平洋（タヒチ、ニューカレドニア）にいくつかあるという点です。にもかかわらず、東シナ海や南太平洋に、中国が勝手に「土足」で押し寄せてきたという事情も考慮に入れる必要がある。タヒチやニューカレドニアは住民投票で、まだフランス領でいたいという意思を表明している。フランスの経済的負担はありますが、南太平洋が「一帯一路」に組み込まれたら、いずれ中国の支配が及ぶことをフランスは懸念しています。台湾海峡への軍艦通過は、それをフランスは許さないという地政学的見地からの意思表示でもあったのです。

このように、したたかなフランスは中国を追い詰める戦略的行動を実行しているのです。総合的な戦略に基づき軍艦を台湾海峡や南シナ海に派遣しているのです。

石　イギリスも最近になって軍艦を南シナ海に派遣させています。おそらく、イギリスはアジア太平洋地域における中国のやりたい放題の行動に危機感を覚えて、アメリカの動きに同調したものと見られます。イギリスも結局、中国の勝手な行動を許さないでしょう。そのほか、オーストラリア、ニュージーランド、シンガポールまでも中国に対して戦略的な対立意識を持ち始めています。オーストラリアの総選挙で、負けると言われていた保守党が勝利したのも、そういう反中国の国際的世論の高まりといえるでしょう。

こういった中国の南太平洋地域への急速な進出に対して、自由世界は一致して強い警戒心を持ち始めています。ただ南太平洋の島々の携帯電話は、イギリスのボーダフォンを使っています。が、そこに中国のファーウェイ製携帯が半値という安値でこれら地域に参入しようとしています。携帯市場が中国に取られてしまう危険性があります。軍事的な進出もそうですが、携帯機器のこうした進出も注意する必要があります。

宮崎　オーストラリア（以下「豪」と略しますが）は海底ケーブルのパプアニューギニアへの工事からファーウェイを排除しました。選挙前に絶望と言われていたモリソン首相が五月の選挙で辛勝し、「奇跡の再選」と言われたのですが、そのモリソン再選を「祝福」するかのように、中国海軍艦隊が、予告なくシドニーを親善訪問しました。これは豪に脅威を与える軍事的な示威行動なのか。シドニーは五十万人のチャイナタウンをかかえており、鉄鉱石などでは中国が最大のバイヤー、しかしモリソン政権はトランプの要請を受けてファーウェイの排斥に乗り出している。やはり豪もファイブアイズ（諜報活動について協定を締結している五カ国。米国、英国、カナダ、オーストラリア、ニュージーランド）のメンバーだけあって、米豪の間には眼に見えない連携がありますね。

そして六月四日、モリソン豪首相は突然、ソロモン諸島を訪問しました。ソロモン諸島は台湾と外交関係を維持する国であり、地政学的にも航路の要衝にあります。モリソン首相はソロモン諸島に向こう五年間で百八十八億円を支援すると打ち上げ、あからさまな中国との対決姿勢をしめしたのも巻き返しの一貫です。ファーウェイの進出が激しいソロモン諸島は、いまや豪ではなく、中国との貿易がトップを占めるようになっていました。モリソン政権は、ファーウェイ問題でトランプと同一軌道の外交を進めていますが、問題はソロモン諸島が台湾断交に踏み切る動きをみせており、南太平洋地域で台湾と外交関係のある国々とはナウル、ツバル、キリバス、マーシャル群島、パラオですが、もしソロモン諸島が北京に転べば、太平洋地域でもドミノが起こる危険性がある。二〇一八年三月にも蔡英文総統が外交関係の維持をはかるべくナウル、パラオを訪問したことは記憶に新しいところですね。

昨夏来、台湾と断交した国はパナマ、ドミニカ、エルサルバドル。二〇〇七年に札束攻めでコスタリカが中国に転んでからは中米でさえ、依然台湾と外交関係を保つのはニカラグア、ベリーズ、グアテマラ、ハイチ、ホンジュラスだけとなりました。トランプ政権は、台湾重視政策を増強させており、台湾と断交したパナマ、エルサルバドル、ドミニカから大使を召還する措置をとりましたね。

石　一方、中国はアフリカへの進出に熱心です。アフリカにコンゴと名の付く国家はコンゴ共和国とコンゴ民主共和国の二つあります。かつてフランスの植民地だったのが、コンゴ共和国です。中国はコンゴ共和国に二十億ドル貸与していますが、これが返済できなくなって、ＩＭＦに救済を申し入れました。

ただ、パキスタン、スリランカ、ベネズエラもそうですが、この救済方法をこれら国々が採用したら中国は大変、困ってしまう。どうしてか。ＩＭＦに救済を求め、それが決定されると債権の八割を放棄しないといけないからです。対外債務の八割が「紙くず」になってしまうのです。

こういう状況下、中国共産党の党内では、「一帯一路」について最近、批判がでてきている。その理由が、大事な中国の外貨資金を貧乏国に貸して結局、返済してもらえず中国の「宝」である外貨を減らしているではないかということです。そんな資金があったら、もっと国内経済の立て直しに使うべきだったと……。

宮崎　当然の批判でしょう。日本なら、安倍政権がそんなことをしようものなら、野党が黙っているわけがない。

プーチンと習近平の「握手」はナンセンス

石　こうした中、アフリカ会議で習近平は六百億ドルの経済協力を約束（二〇一八年九月）していますが、本当に資金回収の見込みがあるのかといった疑念が渦巻いている。ただ、実際に投資をしたのは八十八億ドルにとどまっているようですが、それでも、外貨を減らす要因になっているのは間違いありません。しかも、投資をした国々では、先述したように、反中国の抗議デモやテロが頻繁に発生している。中国としては、「踏んだり蹴ったり」でしょう。

また中国に抗議するという意味から、インドは第二回の一帯一路国際フォーラム（二〇一九年四月）は行きませんでしたね。

宮崎　インドは一回目も行っていません。最初からインドは「一帯一路」に反対するという立場を明らかに表明していました。一回目は参加したのに今回、参加を見送った国は六カ国（トルコ、スペイン、ポーランド、フィジー、スリランカ、アルゼンチン）と世界銀行です。世界銀行の総裁はアメリカの元財務次官のマルパス氏で対中強硬派で知られています。これらの国家と国際機関は中国の推進する「一帯一路」に懐疑的なのです。

しかし、日本は第一回目は行きませんでしたが、二回目は自民党の二階俊博幹事長が安倍首相の親書を持って経団連の中西宏明会長らと一緒に出席をしました。これについて石さんはどう思われますか。

石　中国は日本に対して閣僚級の出席を求めていましたが、政府関係者の派遣は経済産業副大臣にとどめました。そして政府とは無関係の二階幹事長が出席したのですが、彼は所詮、自民党の幹部に過ぎません。また、この二回目の一帯一路国際フォーラムが開催されているその時に、安倍首相は東欧を訪問していましたよね。

四月二十五日にポーランド、チェコ、スロバキア、ハンガリーの東欧四カ国の首脳とスロバキアで会談し、中国の一帯一路の要路にクサビを打ち込んだのです。具体的には日本から質の高い経済協力をこれら四カ国と約束し、中国の東欧進出を食い止める防波堤となるようにした。習近平国家主席がフォーラム参加国百五十カ国の代表を前に「一帯一路の夢」をぶち上げているまさに、その最中に安倍首相は中国に冷や水を浴びさせた格好です。
一方、ロシアのプーチン大統領はこのフォーラムに参加はした。表面的には習近平との関係良好を演じていますが、中国とロシアの関係も今後、大きな変化が起きると見ています。実は去年、ロシアで大規模な反中デモが起きたのです。中国はロシア圏に近い場所で工場を建設しようとしたのですが、汚染を心配したロシア住民が工場の建設反対の大規模デモを行った。こういうのはひとつのキッカケに過ぎませんが、おそらく、それだけではなく中国人に対する不満がロシア国民の中に溜まっていて、それが爆発するのは時間の問題だと思う。

宮崎 それに関連しますが、二〇〇五年、ロシアに近い黒竜江省にある化学工場が爆発して、大量の有害物質が流れ出した事故があった。それが、ロシアのハバロフスク市（ロシア極東部の都市）に漂流してきて、ハバロフスク市の市民はもちろんのことロシア中が大騒ぎになった。地下水も汚染されて、ロシアの住民は中国に対して「どうしてくれるのだ、水が飲めないじゃないか」と強烈に抗議をしたのです。困った中国は慌てて飛行機を飛ばして、石灰を持って来て、汚染水を処理をしたのですが、ロシアの住民からすれば満足せず、補償しろと訴えた。ウラジオストックとハバロフスクにたくさんのエコロジストがいます。その人たちが中心となって、中国領事館に向けて抗議デモを盛んにやりました。

また、モスクワには、中国人が仕切っていた闇マーケットがたくさんあった。それをプーチンは一斉に取り締まって、そこにいた中国人を国外退去させたりもしている。アンチ中国感情というのは、昔からロシア人に根強くありましたが、それが最近になってかなり露骨になってきました。

石　習近平が気が付いたら、イギリス、フランス、アメリカ、インドといった自由世界は明らかに中国と対立関係に陥っていた。そしてロシアまで反中感情を高めてしまった。大局的に俯瞰すると今、習近平はかなり国際的には孤立状態です。先述した通り、四面楚歌、かつての大東亜戦争前の日本に対する包囲網（ＡＢＣＤライン）が形成されているようなものですよ。

宮崎　ほかにもロシアが中国を嫌う理由はもう二つあって、まず西シベリアにおける中国人の増加ですね。なにしろ中国は沿海州を自国領と思っていて、ウラジオストクと呼ばず清時代の呼び名である『海参威』を今でも使っています。このことがロシアを不快にさせています。ついで中国が海のシルクロードの北廻りのルートに北極圏コースを考えていること。北極圏はロシアのテリトリィと思ってきたプーチンにとって、これ以上の不快感はないでしょう。あくまでも、ロシアは武器や石油・ガスを購入してくれる大事なお客さんという位置づけで中国を見ているのに過ぎません。

石　それはそうだ。ロシアにとって中国はお得意先だけれど、同時に軍事対立した相手ですからね。

宮崎　原油はパイプラインを中国に通しているから、かなりスムースに中国へ輸出されます。問題はロシア製の武器の品質です。二〇一九年五月八日、ロシアの航空機がモスクワ空港で着陸に失敗し炎上してしまい四十一人の乗客搭乗員が死んだ事故がありましたよね。テレビ局の映像をよく見ると、航空機はロシア製で、ハッキリいってオンボロ機です。この旅客機はモスクワからムルマンスクという北極圏の都市に飛ぶはずでした。この都市は北極艦隊の拠点となっており、ロシア海軍の軍事基地があります。ですから軍幹部がこの航空機に搭乗していたのに違いありません。

ともあれ、こういったお粗末さが、ロシアでは民間だけではなく軍事関係でもいろいろな事件を引き起こしています。ロシアは最新鋭の防空ミサイルシステムS－300（長距離地対空ミサイル）シリーズ、S－400（多目標同時交戦能力を持つ超長距離地対空ミサイルで高次元の対ステルス戦能力を持つ）シリーズを開発はしている。このミサイルの最初の購入先が中国となり契約書を交わして、この防空ミサイルシステムを中国に輸出することになっていた。

中国は購入代金をロシア側に支払い、ロシアはこのミサイルを輸送船に積み込み、中国に向けて出港した。ところが、この船が北極圏で座礁してしまいます。座礁した弾みで積み荷のミサイルが崩れて壊れてしまったとロシアは中国側に報告しました。ですが、不自然でしょう。正確に言うと、壊れたことにしてしまったのではないかと。西側諸国の軍事専門家は壊れたという情報にも疑問を呈していました。そもそもこのミサイルを本当に輸送船に積み込んだのか。それすら疑問です。それになぜ、飛行機ではなく、船で運ぼうとしたのか。これは、フェイクな情報ではないかと中国も疑い始めた。こうした不透明で怪しげな話が中ロ間にはあまりにも多いのです。

また、ロシアに高いカネを支払って中国はステルス戦闘機スホイ35をライセンス生産することになったのですが、この戦闘機もよく事故を起こして墜ちるのです。中国は様々なロシア製兵器をライセンス生産しますが、ロシアはブラックボックスを中国側には絶対明かしません。

このように、中国とロシア関係というのは、かつての中ソ対立時代を思えば、表面的には友好的でうまくいっているのですが、両国の関係は西側、とりわけアメリカを牽制するという目的で握手をしているだけ。実質的にはお互いをまったく信用していません。ですからプーチン大統領は中国にそれほど、のめり込んでいく可能性は薄いでしょうね。

石　実は四月、プーチンとトランプは久しぶりに長い電話会談を行いました。日本国内ではほとんど報道されませんでしたが、中国国内でこの電話会談の関心は高かった。人民日報や、環境時報ではこの会談を大々的に報じていました。その背景には、アメリカはロシアとの関係を改善して両国が手を組むのではないか、中国はロシアに裏切られるのではないかと疑っていたからです。トランプとプーチンが手を握れば、「俺たち（中国）は挟み撃ちにあい、大変なことになる」と思っていた。

しかし、ロシア側からすると、中国に対して脅威を感じているのです。かつては、国境周辺（ダマスキー島）を巡ってロシアは中国と武力衝突していた時期もありました。トランプは四月に続いて五月、中国に追加関税の引き上げを宣言した数日前、プーチンとまた電話会談をしています。その電話会談の内容は中国との貿易交渉についてだと言われている。

プーチンは、戦略的に物事を考えることができる狡知《こうち》に長《た》けた政治指導者です。反面、習近平は一連の流れの中で思いつきのように判断をする。習近平は単純に猜疑心が強く、国家間の関係を冷静に構築するのは苦手な田舎政治家です。自分がそうであっても、優秀なブレーンを活用する能力があればいいけどそれもない。にっちもさっちもいかなくなってきた。

習近平の〝ほら吹き・外貨ばらまき〟外交の終焉

石　ロシアはクリミヤ半島問題でアメリカをはじめ自由世界と対立しています。しかし、長期的な戦略的な立場でアメリカ、トランプ大統領と交渉ができるのです。また、トランプ大統領にはロシアゲートと呼ばれる「ロシア疑惑」が一時ありましたが、最近、落ち着いてきましたね。

宮崎　「ロシアゲート」は、安倍首相の「モリカケ問題」と同じで、そもそも何の疑惑もなかった。野党（民主党）が針小棒大に騒いだだけ。トランプは記者会見でもハッキリと「あれはでっちあげだ」と言明しています。

石　同様に、クリミヤ半島問題も徐々に昔の問題になっていくでしょう。いずれ、トランプとプーチンが和解してアメリカとロシアはいい関係を作ることが予想されます。すると、ロシア頼みの習近平外交の一角がまた、崩れてしまう。

考えてみれば、習近平は国家主席に就任してからの六年間は〝ほら吹き〟外交でした。その代表が壮大なる「一帯一路」シルクロード計画です。当初は華々しくスタートし世界中に大宣伝をしましたが、うまくいっていません。さらに、〝外貨ばらまき外交〟で、いろいろな国際戦略を展開しているのですが、そのほとんどは成功していません。

外交的に見ると、習近平は鄧小平、江沢民、胡錦濤政権を含めて、歴代政権が築き上げてきた外交的資産を食いつぶしていると思います。今や、裏目に出てマイナスの方に向かっている。アメリカと逆戻りできない対立関係を作ったのも習近平です。私は皮肉を込めて「習近平閣下万歳！」と叫びたいくらいです（笑）。

宮崎　同感ですな（笑）。

石　習近平が唯一イニシアティブを発揮して頑張ってきたのが、前述した「一帯一路」計画ですが、第二回目の一帯一路の国際協力フォーラムでは約百五十カ国から首脳三十七人を含む約五千人が参加したと大々的に宣伝していました。しかし、三十七カ国の首脳の顔ぶれを見たら、イタリアのコンテ首相は出席しましたが、ヨーロッパ諸国はほとんど不参加。元首クラスが出席したのは、ベトナムのフック首相、マレーシアのマハティール首相、チリ、カザフスタンなど失礼ですが小さい国家ばかりです。正直、誤解を恐れずにいいますと、中国のカネが欲しい国家ばかりなような気がします。

宮崎　確かに中国のカネが目当てでしょう。でも、そのカネが底をついてことも皆がうすうす認識した。というのも第二回のシルクロード国際フォーラムでは金額の提示がなされませんでしたから。

石　じゃあ、習近平にそんな金があるのかというと……。江沢民、胡錦濤政権時代から一生懸命に積み上げてきた外貨準備高は、習近平に食いつぶされ、減少する一途ですね。

どこまで信頼できるかは疑問ですが、中国国家外貨管理局が発表した中国の外貨準備高は、一九八〇年百億ドルだったものが、二〇一四年には三兆九千億ドルと四兆ドルに迫る勢いでした。それが、直近の二〇一九年四月末には三兆九百五十億ドルと、ピークからわずか五年間に約一兆ドルも減ってしまいました。そして、共産党幹部による資産の海外流出、海外から借りているドル資産もこの中に含まれています。このことから、一説によると一兆ドルは水増ししているとのではないかと、疑われています。

確かに中国の貿易黒字はこれまで巨額だった。中国の貿易黒字の約六割をアメリカから稼いでいましたが、米中貿易戦争が拡大すれば、貿易黒字は激減して、中国の虎の子の外貨準備高がさらに枯れてしまうことになります。もっと枯れてしまえば、もう誰も北京に行かなくなる。

そこで、中国の資金不足という点で、経常収支が大きく減少していることにも注目すべきですよね。経常収支は貿易収支にサービス収支、所得収支を加えたもので、二〇一五年に三千億ドルの黒字だったものが、二〇一八年には五百億ドルの黒字となり、黒字額が大きく減少しました。IMF(国際通貨基金)の予測では二〇一九年六百億ドルと若干、持ち直すものの、二〇二〇年四百億ドル、二一年には二百億ドル、二二年には六十億ドル、二三年以降は赤字に転落すると予測しています。だから、中国のカネ詰まりはそこまで来ていると見ていいのです。習近平はこれまで、多額の外貨準備高を背景に大盤振る舞いをしてきましたが、これからはそういうわけには行きません。

結論として言えるのは、今、習近平は確実に中国の外交資産を食いつぶして外交的に中国を孤立への道をたどっているということですよ。

宮崎　そういう意味でも、石さんにとっては、やはり、習近平は「偉大なる指導者」なわけなのね？

石　その通り。「万歳!!　偉大な指導者サマ、国家主席サマ」と讃えるしかないでしょう（笑）。

毛沢東・文革時代に逆戻り

宮崎　石さんが先ほど触れていましたが、先のプーチンとトランプとの電話会談に、中国は非常に注視していて、神経質になっています。両国が密約でもかわすのではないかと見ていました。でも、そういう発想になるのは、中国自身がそういう狡猾なことをいつもやっているからに他ならないわけ。ようは下司の勘繰りというやつですよ（笑）。

石さんの非常に大胆な分析があったのだけれども、これに絡んで習近平の外交について、もう少し触れたいと思います。自由世界は結構、本音のところでは習近平外交に警戒をしています。二〇一九年四月八日～十二日にかけて、ブリュッセルで第二十一回EU首脳会議が開催され、EUから十六カ国、途中からギリシャが加わって十七カ国プラス中国（17プラス1）が集まりました。中国は自分が参画したものだから大成功だといっているのですが、会議に集まっただけというのが実態のようです。ヨーロッパ諸国は中国の「一帯一路」計画に、すごく警戒感を抱いています。

イタリアは一応、BRI(一帯一路)に協力をする覚書にサインをしたのですが別に本気ではないのです。条約とか協定なら、締結したならば守らないといけないものですが、覚書には、法的拘束力はありません。イタリアの思惑は、北東部、アドリア海に面するトリエステ港の機能強化、開発を中国にやってもらいたいだけです。現時点では、ターミナルや周辺の鉄道網の整備を中国国有企業が投資することになっている。ですからイタリアは中国のカネで開発をしてもらうのが狙いなのです。つまり、中国の外資を呼び込み雇用を増やしていく上で、中国の「一帯一路」は都合が良かっただけの話です。それでも「親中」ではないEU加盟国からはさっそく批判が出ています。この首脳会議終了後、フランスのマクロン大統領は「良い方法ではない。フランスはしない」と厳しく反応しましたからね。

石　実は習近平が今やっていることは、毛沢東のやったことと実は同じ手法なんです。毛沢東時代を特徴づけている政策が「個人崇拝」と「独裁」、そして「側近政治」でした。これが暗黒時代を招く結果となりました。

いわゆる「文化大革命」の悲劇です。

あの時、中国経済は破綻寸前となり、大多数の国民は食べていけない飢餓状態となり、「人肉」を食べていたという説があるほどです。にもかかわらず、その困窮の時、毛沢東は第三世界（アジア、アフリカなど発展途上国の総称）のリーダーになりたくて無茶苦茶なことをやった。ようするに、自分こそは第三世界の「救いの星」であると誇示しようとしたわけです。

そこで毛沢東の行った政策がアフリカ救済策でした。当時、ベトナム、ラオスやアフリカ諸国など第三世界の国々は中国に援助を求めてきました。すると、毛沢東はたとえば一億円の援助を求めてきたら、その二倍、三倍の資金を出して援助しました。国民が餓死しているというのにです。それは、中華帝国の昔からの伝統です。朝貢にきたら、朝貢費の何倍以上の財宝を相手に与えます。しかし、それをやったからといって何の意味もありませんでした。

宮崎　あの頃、タンザニア（ザンビア）間に中国は九・九億元の無利子借款提供によって全長一千八百六十キロに及ぶ鉄道を引いてあげたよね（苦笑）。

石　そういう「革命輸出」のための他国援助と同様の戦略から、習近平は「一帯一路」を活用しようとしているわけですよ。そして、鄧小平は毛沢東の弊害政治を打破するために「指導者の任期制」「集団指導体制」の導入をしたにもかかわらず、習近平は国家主席の任期二期を撤廃し毛沢東のやった「終身独裁」に突っ走っている。そして、近年、個人崇拝を奨励し「側近政治」に邁進している。さらには、新疆ウイグルでも文化破壊、人権弾圧……。かつて四十年前の文革時代の暗黒政治に戻ろうとしています。

結局、意味のないことを、彼はたくさんやってのけている。何が言いたいか。つまり、習近平ひとりだけが、満足をして利益を得ているに過ぎないのです。発展途上国を救済してみせて、習近平は自分が世界のトップリーダーになりたいと夢想しているけど、それは今の中国の体制では不可能です。人民日報に掲載された「一帯一路」の記事を読めばわかります。「習近平は今や、救世主として世界を救う」という言葉が連日躍っています。彼の虚栄心はこれで満たされるでしょうが、外交的には、そんな空虚な言葉はまったく意味のないことです。

世界的なフォーラム開催の目的は中国国内で自分の権威を高めることでしかない。昔、中国の皇帝もそうでした。中国の皇帝にとって外部の「野蛮民族」が朝貢してくることは、自分の権威の強さの証明となります。ですから、いろいろな国家・民族が、皇帝に朝貢にくることは権力基盤を強化するのに役立ってきたのですが、もうそんな時代ではない。

鄭和の南海遠征と酷似する「一帯一路」

石　「第二回　一帯一路国際協力フォーラム」を見れば分かるように、あんなもの、ようするに「習近平の、習近平による、習近平のための」壮大な「政治ショー」に過ぎないのです。大風呂敷を広げただけ。冷静に分析すればおかしいと思うはずです。「一帯一路」を推進することで中国という国家が強くなるはずもないし、習近平の権威も高まるはずもありません。おそらく、イタリアのみならずアフリカ諸国のほとんどは、習近平こそが「地球上で一番、太っているいいカモ」と思っていることでしょうね。

宮崎　石さんは、習近平を毛沢東に喩えたのだけれども、私はシルクロード構想は、むしろ永楽帝《えいらくてい》（明の第三代皇帝）の方がぴったりだと思う。永楽帝は、鄭和艦隊（一四一三年に出航させて、インドからイランなど、インド洋からアラビア海からアフリカ大陸東海岸まで大航海を実施した）を南海大遠征と称して世界中の海に出しておきながら、結局、何を得たのか？　献上品を中国からたくさん持って行って、親善だといって、たどり着いた地元の王様に贈呈して終わっただけじゃないですか。

その鄭和艦隊が大遠征の航海を終えたら、明は鎖国してしまった。ものすごく壮大な無駄だったと言わざるを得ないよね。現代版シルクロード、「一帯一路」計画もいずれ、続かなくなると思います。早晩にも閉じるでしょう。「一帯一路」も鄭和艦隊大派遣と同じく壮大な無駄に終わりますよ。

石　「一帯一路」が続かないのは、当たり前。中国は前述したように資金が枯渇し始め、一帯一路のプロジェクトに投資するカネはなくなってきたからです。というより、もうカネはありませんと、言った方が正確かも知れません。たとえプロジェクトが完成しても投下資金を回収できないでしょう。その前に中国経済は大きく衰退し潰れていく運命です。それが見えています。

米中貿易戦争の激化で中国経済は萎縮して、自分の国のことだけで精いっぱいとなり、他国のプロジェクトのことなんか構っていられなくなります。

中国におカネがなくなると、誰（どの国）も中国のことを相手にしなくなるのです。

前述したように「第二回　一帯一路国際協力フォーラム」で中国は三十七カ国と「覚書」

を交わしただけで「条約」を結んだわけではないのです。ようするに、おカネがなくなったら、いつでも去っていくだけの話です。

たぶん二十一世紀の壮大な〝バカ話〟として歴史に残るでしょう。未完成のプロジェクトがあちこち、爪痕を残すのではないかと思います。


宮崎　すでにそういう事態に陥ったプロジェクトがあるよね。たとえば、ニカラグアの運河開発がそう。二〇一四年十二月着工式典を開催し、五年後の二〇一九年に完成する予定だった。この総工費は当初四百億ドルでしたが、五百億ドルに膨らみ、この金額はニカラグアのGDPの約五倍に当たります。一区間だけ掘ってそのままの状態でたなざらし。ほかにも、リビアの百以上あった建設プロジェクトは、みんな残骸となってしまっている。政情不安で経済破綻状態のベネズエラのプロジェクトも止めてしまい、廃墟に近いところがあちこちで発生しています。

ともあれ、シルクロード実現のために、もうひとつ、大事なのは銀行です。

当初は「一帯一路」の参加にイギリスが真っ先に手を挙げて、世界六十八カ国が参加すると、宣言しましたが、そうした国々は実際のところ、資金は出していません。ところが、日本は資金面で厳しい条件をクリアした案件については共同出資というかたちでカネを出しています。ファイナンスを付けるときは、もっと確かなプロジェクトにしか、カネを出しません。怪しげで、投資しても元が取れないようないい加減なプロジェクトにはおカネを一切投じないのです。その代わり、このプロジェクトは将来、有望となれば、融資条件は金利は二%といった低い条件で融資します。中国がはじめたプロジェクトでも一番確実なものならばアジア開発銀行も融資をするようになっている。

突き詰めていうと、日本は「一帯一路」で黙っているけれど、かなり成果を挙げているのです。中国が融資をしている金額の十倍は日本が面倒を見ている。中国の「一帯一路」で実は日本が一番、いい思いをしているといっていいでしょう。日本は自慢をしないし宣伝はしません。ただ、ひたすらJICA（国際協力機構）が地道に汗を流しているだけ。成果を対外的に宣伝しないから、そのことを日本国民は知りません。中国も他国の手柄になるから意図的に黙っています。中国だけが、世界に貢献していると大々的に宣伝をしたいわけです。

石　日本が発展途上国の向上に貢献をしているのは確かです。中国は都合のいい時だけいい顔をする正真正銘の〝横着者〟でしかない。

問題は習近平の評価・評判です。自らを世界のトップリーダーと思い、中国の財産を毎日、食い荒らしている。しかも、南シナ海で九段線（南シナ海での領有権を主張するため中国が地図上に一方的に設定した九本の境界線）を主張し勝手に軍地基地を建設し、先進諸国の技術を盗み国際ルールを無視してアメリカを抜いて世界の覇権国家になりたいと思っているだけです。当然、その底意が見抜かれるようになってきて、国際社会から非難されるようになってしまった。

しかも、ここは大事なことですが、中国の外交政策の根幹を習近平は揺るがしているのです。その点、鄧小平（一九〇四～一九九七年。毛沢東死後に最高指導者になった）はまだ彼よりは賢明ではあった。外交、経済、安全保障、あらゆる面で、アメリカと絶対、喧嘩をしてはならないという原則を作り、江沢民（一九二六年生まれ。鄧小平死後に最高指導者、国家主席に就任）はこの原則をちゃんと守りました。

江沢民が国家主席だった時代、ユーゴスラビアの中国大使館がアメリカ爆撃機によって誤爆（一九九九年五月）されてしまったことがありましたよね。当時、誤爆だったとアメリカは、謝罪していましたが、誤爆ではないと専門家の間でいわれていました。大使館を爆撃するということは、自分の領土が爆破されたと同じですから、国家的にいえば、宣戦布告されたようなものです。それでも、江沢民はじっと我慢をした。アメリカと喧嘩をしてはならないと。胡錦濤時代まではそういう最低限度の認識がありました。

共産党のある政治局常務委員が、パーティの会場で冗談半分に挨拶をします。「この地球上でやってはいけないことがいくつかある」と。「まず、中国国内にいるなら、中国共産党を敵に回してはいけない。共産党を敵に回したら、あなた方は終わり」というのです。そして「国際社会ではアメリカという国を敵に回したらいけない。回したら完全におしまい」。最後に「人類は大自然を敵に回したらいけない」と結びます。習近平以前の中国共産党の指導部には、そういう認識があったということです。

どんなことがあってもアメリカを敵に回すなということです。しかし、習近平の六年間の「外交実績」はアメリカを完全に敵に回したことだけです。これはトランプ大統領の話だけではない。むしろ、トランプの方が中国に優しいといえます。アメリカ政界では民主党も共和党も、そしてワシントンもニューヨーク、ほぼ全域で、習近平のゴーマンな態度を見て、中国に対して強い対抗意識が芽生えて定着してしまった。

宮崎　「誤爆」された旧ユーゴスラビア（現セルビア）の中国大使館ですが、三年前にじっさいに見に行ったけど、更地になっていて角に小さな石碑があった。その隣の白亜の建物は日本大使館です。さて、アメリカを敵に回したというのは、つまり国際情勢を認識する力が習近平にはないということになるね。

石　その通りです。

有能な側近・王岐山を遠ざける理由とは

宮崎　であるなら中国は最悪の結果を招くよね。せめて、習近平にしっかりとしたブレーンがいればと思うけど、どうも不在の様子です。

石　ことばはきつくなりますが、習近平自身は頭がよくないし、大した判断力もない暗愚の国家主席です。また、自分に反対しない無能な側近しかいません。権力にただ、へつらう「宦官《かんがん》」しかいないのです。習近平の回りにはそういう側近で固めています。彼はそういう人しか傍に置きたがらない。対米交渉に当たっていた劉鶴副首相にしても、ただ、中学校の幼馴染というだけで起用されたのであって、特に対米交渉能力があるわけではないのです。そもそも劉鶴は外交、経済は分かっていません。

宮崎　ただ英語は喋れる。ハーバード大学を卒業しているから。

石　いやいや、一年間ほどハーバード大学に勉強しに行っただけで、卒業はしていません。先ほど触れたように習近平は能力に関係なく「側近政治」を推し進めています。ですから、たとえば同じ学校の出身なら、それだけで側近として採用します。有用な人よりトモダチ優先なのです。有能だと習近平の話を聞かず、逆らう傾向があるから習近平は嫌がる。無能な上司ほど、無能な部下を使いたがるものです。

宮崎　それは人を使う側の原則だからね。だけど、古今東西、衰退する王朝（政権）の共通点でもある。

石　そこは、習近平と毛沢東・鄧小平・江沢民で決定的に違うところです。

宮崎　本来なら、習近平のブレーンになるべき王岐山《おうきざん》（一九四八年生まれ。国家副主席）がなぜ、この重要な場面で全然、表舞台に出てこないのか。考えてみれば王岐山は習近平が失敗することが分かっていて、そんな場面で出てくるわけがない。自分が損をするだけだから。優秀なブレーンたちが、二千人交代してしまったという情報がある。本来なら、こうした有能な部下に任せておけばいいのに、それが習近平にはできないのです。オレがオレがと出しゃばる。

ともあれ、王岐山は、この五年間、習近平の命令で共産党中央規律検査委員会書記をやって徹底的に汚職を追及してきました。逮捕は不可能といわれていた共産党政治局常務委員の周永康、さらには人民解放軍制服組のトップで中央軍事委員会副主席郭伯雄、同じく徐才厚を重大な規律違反があったとして逮捕しました。

これで王岐山は中国国民から絶大な人気を得ました。そうした王岐山に習近平が逆に怖くなったようですね。場合によってはそのまま王岐山の権力が巨大化し、自分を飛び越えてくるのではないかと。だから、王岐山を遠ざけたのです。

王滬寧はラスプーチンもびっくりの危険なブレーン

石　その一方、習近平が喜んで使うのが、王滬寧《おうこねい》（一九五五年上海生まれ。二〇〇二年第十六回共産党大会で中央委員に当選し、トップのブレーンとして活躍）です。帝政ロシア王朝末期の聖職者で政治的な権力を持ったラスプーチンに王滬寧はよく似ています。

宮崎　ただ、ラスプーチンは占い、黒呪術をやっていたという話だよ。王滬寧はその手の占いはやらないからね（笑）。

石　王滬寧の性格はすごく陰険でひとりも友人がいないようです。何を考えているのか、誰も分からない。しかし、政策面で江沢民から胡錦濤までイデオロギー的な色付けをして、さらには「習近平思想」をつくったブレーンとして中国では有名です。

実は個人崇拝にしても、独裁体制にしても、王滬寧が提案したものなんです。習近平は王滬寧の手のひらで踊らされているというのが、どうやら実態のようです。ただ、その王滬寧は本当の世界の動きを知らない。その点で、今の中国は歴代の中国王朝の末期症状によく似ています。

宮崎　王滬寧が、愚かなことをやっても、それを止める側近がまたいない。「おっしゃる通りでございます」と言ってけしかけている側近ばかり。習王朝も、宦官と無能なブレーン側近・王滬寧という体制では最悪だね。

石　ですから、習近平はどう考えても、この体制を維持していくのはもう無理だと思うのです。習近平の独裁的手法による政治運営では限界があります。習近平がいつ退位するか。そんなに遠くないかもしれません。

いまのところ、習近平はすべての権力をひとりで握っています。具体的にいうと中国で軍事、外交、経済、あらゆる意思決定を習近平ひとりがやっています。当然、「一帯一路」も習近平がすべて仕切っています。米中の貿易協議も最終決断を下すのは彼です。劉鶴副首相がアメリカと交渉していましたが、習近平がすべてを指示している。しかし、一人の指導者がすべてを決定するのは無理です。たとえ天才でもできないでしょう。もちろん、習近平は天才ではなく、ただのバカです。

「周恩来」の役どころのブレーンがいればまだしも!

石　そこで、統治に関して、習近平と毛沢東の政治スタイルとどこがどう違うか、そのことに触れておきましょうか。毛沢東の統治スタイルは、細かい実務の類はすべて側近に任せたわけです。毛沢東のために、尻拭いをずっとやってきたのは、周恩来《しゅうおんらい》（一八九八年〜一九七六年、中国が建国された一九四九年から死去するまで一貫して首相を務めた。毛沢東の信任が厚く文化大革命中でも失脚しなかった）です。

周恩来は実務に関して、世界中で三本の指に入るくらい飛びぬけて優秀でした。すべてを仕切っていました。

宮崎　変な譬えになるけど、安倍政権下の菅官房長官みたいなものかな?

石　いえいえ、安倍首相も菅官房長官は、どちらも優秀。野党や朝日や東京の困った記者の追及も堂々とかわしている。比較の対象にすべきではありません（笑）。

でも、確かに、周恩来はどんなに苦労も厭わないで、喜んで、毛沢東のために何でもやる政治家ではありました。毛沢東の次々と起こす失敗は周恩来が尻拭いをするし、毛沢東のことは何でもカバーしてあげるのです。

しかも、周恩来は毛沢東に絶対、反抗しません。毛沢東の権威を傷つけるようなことはしないのです。言いなり！ ですから、毛沢東は安心してすべてを周恩来に任せることができた。

では、毛沢東は毎日、何をやっていたかというと、女性を侍《はべ》らせながら別荘で歴史書を読んでいました。中国の古代書をひたすら読み、いかに陰謀術を講じるかを研究していたといいます。だから、二十年以上も毛沢東は権力を維持できたのです。毛沢東の独裁政権が維持できたのは、周恩来がいたからだといっても過言ではありません。

宮崎　そのあたりは、毛沢東の主治医で、謎の死（謀殺？）を遂げた李志綏《りしすい》の『毛沢東の私生活』（文春文庫）や、逢先知《ほうせんち》の『毛沢東の読書生活―秘書がみた思想の源泉』（サイマル出版会）なんかでも触れられていたよね。毛沢東が政治（権力闘争）以外に関心があったのは女と本だけ（笑）。

石　しかし、今の習近平の側近には周恩来のような人物はいません。習近平のために「泥を被る」とか、習近平のために命をかけ、すべての実務を仕切るとか、そのような人物はいないのです。今、習近平のやっている仕事は毛沢東と周恩来と、鄧小平をすべて合わせた仕事を一人でしているようなものです。そのくせ、習近平の能力は鄧小平に比べて十分の一しかありません。

今、人民日報一面はほぼ毎日のように習近平の動静を報じている。日本の新聞でも、通信社の配信で首相の一日の動静が分刻みで掲載されていますよね。それほど細かくは出てきませんが、それと同じようなものです。

たとえば、習近平の四月の主な行動は以下の通りです。

四月一日　「求是」という中国共産党の雑誌に、習近平は重要な文書を掲載する。「中国の特色のある社会主義」を堅持していくためにどうすべきなのかという論文。そして、アラブ国家の首脳に祝電を打つ。

四月二日　ニュージーランドの首相と会談をして、次にアメリカの訪問団と会談をする。

四月九日　北京で植林祭に参加する。

四月十日　アフリカの国家に祝電を打つ。
四月十一日　ミャンマーの軍総司令官と会談をする。
四月十二日　中国雲南省の少数民族に手紙を送る。
四月十六日　「求是」に重要文書を掲載する。「帝国主義には魂はなく、屈してはならない」という論文を掲載。
四月十六日〜十八日　重慶市を視察。
四月十九日　北京に帰り、中国共産党政治局の会議に出席する。この会議で、経済情勢を討論する。
四月二十日　また中国共産党政治局の会議を開いて、五・四運動（一九一九年ベルサイユ条約に不満を持つ市民が抗日、反帝国主義を掲げる運動を展開）をどのように評価するかを討議する。
四月二十二日　アメリカの高校生に手紙を書く。
四月二十三日　中央財経委員会を開いて今後の財政と経済の運営をどうするか討議して当面の方針を決める。中国海軍記念日で閲兵式に臨む。
四月二十五日から　一帯一路の国際フォーラムが始まり出席――。

この日は人民日報の一面はすべて習近平で飾っていました。各国首脳と習近平は会談を行い、会談を詳細に報じる。ミャンマーの代表者と会談をすることからはじまって、最後に日本の安倍首相の特使である二階自民党幹事長と会談したことまで掲載。

四月二十六日　人民日報もすべて習近平の記事。一日で十三人の各国代表者と会談をこなす……。

四月二十七日　人民日報は当然、一帯一路の国際フォーラムで習近平が基調講演を行った内容を掲載し、同じ日にロシアのプーチン大統領と会談した記事を載せ、さらに夜にはフォーラム出席者たちを宴会に招いたことを報じました。

そして、四月二十八日の人民日報は習近平の基調講演を掲載。

四月二十九日　再び人民日報の一面は習近平の記事だけです。「地球博」で習近平は基調講演を行い、その内容を伝えています。それと同時に「地球博」に参加した各国指導者と会ったことを詳細に報じる。

四月三十日　人民日報は習近平がポルトガル大統領、スイス代表とも会談する。

これが、習近平の四月にやっていることのすべてです。

ここで注目したい点があります。それは、この動静で、習近平の統治スタイルがよく分かることです。習近平は国家主席ですから、相手国が最高首脳である場合は、当然習近平が会談をします。それは当たり前です。ですからニュージーランド首相や安倍首相などと習近平が会って会談をするのは分かる。しかし、彼は、インドネシアの副大統領などとも会談をしている。胡錦濤までの政権ならば、相手の肩書に「副」がつけば、温家宝首相などが応対していましたよ。しかし、習は、すべて自分がやらないと気が済まない。だから、李克強首相をほとんどの首脳レベルの会談から外しています。相手国の代表が首相(大統領)でも副首相(副大統領)でも、与党幹事長でも、すべて国家主席である習近平が応対するわけです。ここで、習近平の政治スタイルがよく分かるでしょう。

会談に首相を使わないわけです。李克強首相の存在意義はほとんどない。習近平は全部、自分が仕切らないと気が済まないのです。

習近平は「字」が読めないという国家機密を漏らすと

石　ようするに、外交、政治、軍事、あらゆる場面で、自分(習近平)が前面に出ないといけない。すべて自分が仕切るわけです。正直、そんな指導者は体力的にも長持ちしません。五年以内に過労死するか、国を潰すか、どっちかでしょう（笑）。今の中国は、極端な話、習近平が先に倒れるか、中国が先に倒れるか、その競争ですよ。

最近、習近平は健康問題を抱えているともいいます。習近平はどんな会議にも出席をして、必ず、重要講話を発表します。もちろん、その講話の原稿は誰かが書いています。しかし、よく原稿の漢字の読み違いがあるのです。小学生程度の漢字を間違える。

宮崎　事前に練習しないの？

石　そもそも、読み合わせたりする時間がない。

偽造か本物か分かりませんが、習近平が発表する重要講話の原稿に「ルビ」が入っていた写真がネットに投稿されていました。難しい漢字はそのようにしているのです。中国人はそれを見たら、それぐらいの漢字は大学生ぐらいなら、誰でも読めると思うでしょう。この写真が事実ならとの条件付きとはいえ、習近平はやはり頭がよくないだろうと思います。にもかかわらず、何度でも言いますが、毛沢東と周恩来と鄧小平が行ってきた仕事を、習近平一人がこなしているわけです。国家主席と軍事委員会主席と、首相の仕事をひとり（習近平）でこなす。仕切るわけです。判断力がないのに、側近も使わない――。

そんな政治スタイルで政権が持つのでしょうか。大丈夫であるはずがない。私は笑うしかない。無能者が舞台に登場して喜劇を演じているようなものです。ですから、この政治体制はそんなに長く続かないと思います。

宮崎　二〇一六年九月の中国杭州市でG20首脳会議が開かれた時も、彼が基調演説をした際、原稿の一部を読み間違えて失笑を買ったことがあったよね。スピーチの中で、古典の『国語・晋語四』の中に出て来る「軽関易道、通商寛農」の故事を引用した。これは、「税や関税を軽くし、(匪賊・盗賊を排除して)交通網を整備し、貿易を行い、農業政策を緩和する」という意味。ところが、彼は、「通商寛農《かんのう》」の部分を「通商寛衣《かんい》」と誤読した。

〝寛衣〟は、服を脱ぐ、裸になるという意味。簡体字で「寛農」は「宽农」となるから、「农」と「衣」は字体は似ているけど、「発音」と「意味」は全然別のもの。

石　さっそく、中共当局によって、この誤読を笑う国民のネット上での声は抹消されましたよね。クマのプーサンを習近平になぞらえて風刺する画像も検閲でネットからせっせと消したこともあった。その程度のスキャンダルや風刺も気にして、習の唯我独尊を死守しようとするのは馬鹿げている。しかし、彼は学歴コンプレックスも持っている。

というのも、文革時代（一九六九年）に彼は陝西省延安市延川県へ下放されて農村での労働もやらされてろくに勉強していない世代だ。そのあと、一九七五年に名門、清華大学化学工程系へ進学しているけど、文革の混乱期で、試験もなく推薦で入学。その後、清華大学人文社会学院（マルクス主義理論・思想政治教育専攻）で法学博士の学位を取得しているけど、父親の七光で手に入れたとうわさされている。だから、「通商寛衣」も読めないんだと。

宮崎　日本の政治家で、「未曾有《みぞう》を「みぞゆう」と読んだり、「踏襲《とうしゅう》」を「ふしゅう」と発言したりしたといって、バカにする新聞もあったけど、もちろん、日本では批判するのもからかうのも自由。だけど、中国では、そんな読み間違えも「国家機密漏洩（習近平はバカ？）」で、言論弾圧を受けるというわけだ（笑）。

ともあれ、習近平は、格下の外国要人とはいくらでも会う時間は作るのに、四月に二回、政治局会議をやったものの、前述したように、去年の秋にも開催される予定だった中央委員会総会はずっと延期されて今年になってもやっていない。すっ飛ばしている。

石　さすがに、中央委員会総会を習近平は、コントロールする自信がないのでしょう。政治局会議はすべて、習近平の無能な側近で固めているからまだしも……。おそらく中国共産党党内で、頭のいい人は分かっているのです。この指導者ではもう無理だということを。しかも、誰も習近平を助けようとしません。むしろ、みんな冷ややかに彼（習近平）の失敗を見ているだけです。中国共産党の頭のいい一部の幹部たちはトランプ大統領の中国対応を大歓迎していると思う。それが本音です。「アメリカよ、もっとやれ」と。習近平政権はどう見ても末期症状です。

宮崎　残念ながら、李克強《りこくきょう》首相には、周恩来のような役目はできない。実力者を相次いで失脚させた習近平だから、今度は自分（李克強）が逮捕されるのではないかと戦々恐々としているのです。習近平は有能な人は遠ざけ無能な人ばかりを集める。自分（習近平）はさらに無能だから、なおさら悪い。

指導者は二つのタイプがあります。ひとつはトップが凄く切れる。そういう指導者に限って、バカな側近を使うことが多い。ワンマン経営者で、会社を引っ張っている会社といえば、かつての松下電器（現パナソニック）の松下幸之助氏、京セラの稲森和夫氏がそうです。こういったワンマン社長は頭が凄く切れる。その場合、部下は多少は無能でもかまわない。部下である社員は有能な社長の下、ただ、指示に従ってコツコツと働けばいいのです。

もうひとつのタイプの指導者は、彼自身もそうバカじゃないけど、自分より優秀で有能な部下を使いこなす。習近平はそのどちらでもない。まず、自分が優秀で切れる男ではまったくない。彼よりも薄熙来《はくきらい》（元重慶市書記で奥さんが外国人を殺害して失脚）の方が頭は切れました。そのくせ、頭が悪いくせに有能な部下も使わない習近平（政権）は、即刻、窮地に陥るでしょうね。時間の問題かもしれない。そういう指導者の支配が長く続けば続くほど、その国力の衰退が早まる。

石　確実に早まります。ただ、日本のマスコミも、その点がよく分かっていないから、中国のやっていること（一帯一路）を凄いプランだといって褒めたりする。しかし、私が見ると、習近平は、ただ鄧小平の遺産をひたすらむしゃむしゃと食いつぶしているだけの指導者です。後は何も残りません。習近平の歩んだ後には、ペンペン草も生えていないでしょう（笑）。

第三章

儒教と孔子の違いから分かる中国の真実

孔子の教えと儒教とは全く無関係

宮崎　では、「ポスト習近平」の中国を、我々日本人がきちんと理解するうえで、儒教と孔子の関係を知っておくのがいいと思います。石さんは最近、『なぜ論語は「善」なのに、儒教は「悪」なのか』（ＰＨＰ新書）という本を出版されました。その中で、孔子と儒教とは本当は関係がないと言い切っています。端的に説明するとどういうことですか。我々、日本人は一応、儒教というのは『論語』をテキストブックのようにしているものと思っていたわけです。その儒教と孔子が教えていたことと、乖離《かいり》があるとなると、普通の日本人は「アンビリバボー」と感じる。その辺のところをまず、分かりやすく説明してください。

石　そもそも、孔子が生きていたのは中国・春秋時代の紀元前六世紀半ばから、五世紀前半です。当時の中国は一つの大帝国ではなく、色々な国があって群雄割拠《ぐんゆうかっきょ》状態。その中で、孔子はひとりの経験豊富な人徳者、教育者として、人々に人生の教訓とかを教え説いていたのです。

その孔子が亡くなってから、三百数十年も経った、前漢王朝の時代に儒教の骨格ができた。そもそも、どうして、漢帝国時代に儒教ができたのかといえば、儒教というのは最初から政治権力者に奉仕をする皇帝の権力を制度化するための教学であったのです。

宮崎　いわゆる「御用学問」ですね。

石　その通り。漢の武帝は儒教を国家唯一の教学にして、他の学問は排除しました。儒教は漢帝国の誕生によって、その権力維持のために生まれた学問といえる。つまり、儒教は皇帝の権力体系を制度化するために生まれたものであって、孔子の教えとまったく関係はありません。

皇帝の尊厳を守るために儒教が活用された

宮崎　毛沢東もびっくりというか、儒学者を生き埋めにした怖い皇帝がいましたね（笑）。

石　「焚書《ふんしょ》・坑儒《こうじゅ》」をやった秦の始皇帝です。その秦王朝は十数年間で崩壊してしまった。秦王朝が唯一、信奉していたのは厳しい法律でした。法律で国をすべてを治める。しかし、秦王朝が潰れて漢王朝ができると、漢王朝には分かったことがありました。法律を厳しくして民を単に厳しい法律で縛りつけても、国を治めるのは無理があると。やっぱり庶民たちは政治権力者に対して崇拝する基盤がないといけない。政治権力に対して尊敬がないと国家はまとまらないと考えたのです。

そのために、どうすればいいか。その時、儒教が役立ったのです。だから、最初に儒学者たちが政治の表場面に登場したのが、漢王朝の創始者、劉邦《りゅうほう》のときです。その創始者・劉邦はならず者の出身です。

無名で若い時、博打、無銭飲食を得意にしていました。また、戦って漢帝国を造ったのは劉邦とその周辺の無法者たちばかりです。いわゆるゴロツキといわれる人たち。しかし、王朝を成立させて劉邦が皇帝になっても、彼の臣下たちは誰ひとりとして皇帝に礼儀をわきまえないのです。

無礼な態度を公然と皇帝の前で取る。皇帝の前でわいわい酒を飲んで、喧嘩をする。これでは天下は治まりません。それが、分かって儒学者たちを使って初めて朝廷の儀礼を造ったのでした。ようするに、手始めに朝礼の形を作ったのです。劉邦が玉座《ぎょくざ》に座ると、下の者たちが、儒学者の行動に従って皇帝に礼拝する。すると、それではじめて皇帝の尊厳さ、尊さが伝わってくるのです。その瞬間、儒学と権力の結合が始まり、今日まで続くようになったのです。

伝統的な権威付けに孔子が使われた

石　そういうふうに、儒学が漢の武帝時代に理論体系を作り上げ皇帝の権力を制度化するのに成功しました。その一方で、やはり儒学者たちは何か伝統的権威を持ち出さないと、その体系に説得力を持ちませんから、そこで、三百数十年も前の教育者・孔子を持ち出すことにしたのです。

それは道教と同じです。道教は哲学者の老子を始祖にしたわけですが、実は、道教も老子とはほとんど関係がありません。

宮崎　道教と聞くと、日本人にはちょっと何かあやしげな宗教という印象があるね。

石　儒教は皇帝の権力を権威化するために生まれ、漢の武帝が国家を統治するために儒教の経典として「五経《ごきょう》」が定められました。それで理論体系化したのです。おもしろいことに、漢の時代に生まれた儒教の「五経」には『論語』が入っていません。

それはどう考えてもおかしいでしょう。「五経」とは『詩経《しきょう》』『書経《しょきょう》』『易経《えききょう》』『礼記《らいき》』『春《しゅん》秋《じゆう》』。孔子が、もし儒教の創始者であるならば、当然、儒教が誕生した時の五つの経典の中に『論語』が入って然るべきでしょう。『論語』が入っていないのは、キリスト教の経典に『聖書』が入っていないようなものですが、まぁ、儒教は孔子と関係がありませんから入っていないのは正解ではあるんです。要は、孔子の名前を借りただけなのです。しかも「五経」の研究で分かったことは、表向きどころか内容的にも孔子とまったく関係ないということでした。しかし、漢の時代の儒学者たちが「五経」に〝箔《はく》〟をつけるために儒教の教えは孔子が作ったものだという間違った宣伝をしたわけです。孔子の名前を勝手に借りただけなのです。

宮崎　あとで議論することになるけど、いま、中共が世界に展開している「孔子学院」と同じなんだ。「孔子学院」というから、論語なんかの中国の文化を教えると思ったら大間違いで、中国共産党の宣伝機関にすぎない「習近平学園」というプロパガンダ施設を、箔をつけて「孔子学院」と呼ばせているだけ。

石　そうそう。ですから、儒教というのは孔子の死後、三百数十年後に新しくできた教学なんです。中央集権の皇帝政治を正当化するためにでき上がった理論体系が儒教であって、その体系の権威を付けるために昔から名声を轟かせた孔子という人物の名前を創始者の劉邦は祭り上げたに過ぎないのです。トリックでしかない。

儒者は、冠婚葬祭を取り仕切っていただけの人

宮崎　そうすると孔子の死後も、三百数十年にわたって、孔子の名声は保たれていたということになる。

石　そうです。

宮崎　孔子は山東省の曲阜《きよくふ》の生まれです。教壇は杏《あんず》の林に囲まれていたといいます。日本で杏林《きようりん》大学という名前にもなっているのは周知のとおりですが、孔子はここを教壇にして、自分の学問を広めていったわけですね。そこで石さんに聞きたいのですが、孔子の思想を受け継ぐ人たちと、儒教として途中からでっちあげてきた人たちと、人脈的に交錯しなかったのですか？

石　そこは、わかりません。孔子が亡くなった時点で約三千人の弟子がいたといわれています。その弟子が中国全土で孔子の思想を広めていったようです。一方、儒者は、民間で主に祭祀《さいし》を司っていました。

宮崎　ということは、儒者は祭祀の中心だったグループといえますか。

石　そうです。一応、儒者という名前で呼ばれていましたが、それと、儒教とは本当はこれまた違います。別のものです。同じ「儒」という名前を使っただけです。「儒者」というのは、決して学問を学ぶ者という意味ではなくて、「儒」は冠婚葬祭を行う知識を持った人という意味があります。

宮崎　今の漢字の「儒」というのは冠婚葬祭という意味はありますか。

石　今はないです。

宮崎　昔はあったの？

石　漢文学者の白川静（一九一〇年～二〇〇六年、立命館大学名誉教授）さんが主張するには、当時の中国が使用していた「儒」は、現在の我々がイメージする「儒」とは関係ないようです。ようするに当時、中国の儒者は、みんなに社会のしきたりを教えるという役割を担っていた。たとえば人が亡くなったらどうするのか、さらには婚姻する場合などどうするのか。そういう冠婚葬祭のとき、儒者の出番となります。

『論語』に強制的なルールはない

宮崎　『論語』は、日常生活に即した実践的倫理を説いたものですが、為政者にとっては都合の悪いことも書いてあった。

石　ようするに、人間はどうすれば一番、賢く楽しく生きていけるかを『論語』はモラルとして、お前たちこれを守れという強制的なルールではなくて、むしろ、そのように行動し、考えたら自分たちの人生は楽しくなりますよ、ということを教えています。しかし、国家を治める者にとっては、強制的なルールを作り、それを守らせる方が都合いいわけです。

宮崎　約二千六百年前の孔子の時代、付近から出土した骨のDNA鑑定をするといろいろなことが分かってきました。目はどうもブルーだったこと、身長は二メートルぐらいあったらしい。何を言いたいのかというと、孔子は実は漢族とは関係のない人種ではなかったのかという疑念が生じます。

石　人種的にどうなのかはハッキリしませんが、孔子は当時、政治的に受け入れられてもらえなかったのは事実です。

宮崎　孔子を、どこの国の役所も重用しなかった。孔子の教えは徹頭徹尾、民間の学問だったからです。ただ、歴史を見ると秦の始皇帝のあとの、前漢時代に儒学を、復活させましたね。

石　紀元前二六〇年に秦王朝ができて、法律第一主義で国を治めて、儒者と知識人を排除します。しかし、秦王朝は三代で潰れました。秦の始皇帝が死んで、間もなくして潰れたわけです。

その後、初めて漢王朝が儒教国家となった。なぜ、儒教が国教化されたのか。儒教思想において、自然万物・森羅万象の絶対的支配者は「天」です。それが全知全能の神聖なる存在です。「天」は沈黙の支配者であって、「天」はどうやって人間世界を支配するのか——。そこで登場するのが「天子」と呼ばれる皇帝の存在です。「天」は自分の「子」として選任した「天子」に人間の支配権を委譲して、人間界を支配させます。

「天」が「天子」を選ぶ基準が「徳」です。天下万民から一番「徳」のある人を選んで、そのものに天下の支配を委《ゆだ》ねるのです。つまり、選ばれた皇帝は「一番徳のある人格者」というわけです。こういうふうに、時の政治権力を常に正当化して、それをカバーする役割を儒教思想は担っていたのです。こうして、儒教は歴代のシナ王朝の権力の補佐的な役割を果たしてきました。

そして、前漢の王朝は、皇帝の外戚《がいせき》に当たる皇后一族の王莽《おうもう》に乗っ取られてしまいます。王莽が漢帝国を乗っ取って「新」王朝を作りました。王莽は政権を取ったあと、儒学者を多数政権の中枢に招き入れて、儒教の理想理念をそのまま、政治に反映させたのです。

官職の名前も儒教に従ってぜんぶ変えて、春秋時代の秦王朝時代の官職名に戻したのです。そして彼の理想とする国家を作り上げたのでした。しかし、現実性から大きく乖離した政策を相次いで打ち出し、結局この王朝は十五年で潰れてしまいました。漢朝の傍系皇族である劉秀《りゅうしゅう》（光武帝）によって再興されて、後漢王朝が誕生します。

ですから、新しい後漢王朝としては、新王朝の過ちを教訓にして「儒教」は飽くまでも政治の飾りとして使うしかないという方針に変わりました。

しかし、後漢は飾りは飾りとして、やはり儒教国家の色合いを濃くしていきます。後漢は儒教思想を教えるための大学まで作った。大学という組織ができたのは、これが世界で初めてでしょう。

その後、後漢から三国時代（一八四年、黄巾《こうきん》の乱からはじまり二八〇年までを指す。魏、蜀、呉の王国ができて三人の皇帝が同時に誕生し大戦国時代となった）に突入します。当時、儒教が社会の指導的なイデオロギーとなっていました。その三国時代が終わって南北朝時代（北魏が華北を統一した五八九年から隋王朝が誕生する五八九年まで）になりますが、儒教は消えませんでした。

いずれにしても、中国でこの時代に二つの王朝が並立して中国を統治し、この南北朝を終わらせたのは隋朝でした。隋の文帝、その時代に初めて実施したのが、「科挙制度」です。この制度は試験に合格しないと官僚になれません。試験は儒教『五経』の基本理念をしっかり理解し暗記してないと合格しませんでした。当然のことながら、儒教を信奉しなければ官僚試験に合格しません。つまり儒教徒でないと、官僚になれない仕組みになったのです。この科挙制度が清王朝の一九〇〇年代まで続いたのです。

日本は仏教を選び、なぜ儒教を捨てたのか

宮崎　隋《ずい》の時代に「科挙制度」ができたころ、日本にも儒教と仏教がほぼ同時に入って

きました。けれど結局、儒教は日本に根付かなかった。当時、聖徳太子は儒教を意図的に排斥したわけではありませんが、日本では仏教の方が広まったわけです。中国的なモラルとしての儒教は日本人の肌に合わなかったということでしょうね。

石　歴史的には、儒教と仏教は六世紀ごろにほぼ同時に日本に伝わったようですね。しかし当時の日本人の仏教と儒教に対する態度は全然違うのです。聖徳太子辺りから国を挙げて仏教の導入に情熱を燃やした一方、儒教には極めて冷淡だった。江戸時代の国学者の本居宣長《もとおりのりなが》（一七三〇～一八〇一年）の話によれば、日本は人を強制するようなお飾り的なモラルはいらなかったと説いています。ようするに、中国の儒教の教えは自然に背くものであるとして非難したのです。もちろん、中国のようにもともとモラルがない国家には、儒教は必要でしょう。ただ、儒教の教え、ことばのすべてに、「こころ」がなく、日本人に受け入れられなかったのではないでしょうか。日本人には本当の意味で、すでにモラルがあったからこそ、言葉尻だけを捉えた「儒教」はいらなかったのではないかと、推測します。

宮崎　出光佐三《いでみつさぞう》（出光興産の創業者）はいいことをいっています。「道徳には美があって、モラルには美がない」。つまり、モラルは強制的な意味合い、法則です。道徳は別に法則でもない。人間が守るべき自然の立ち振る舞いです。
また、哲学者の鈴木大拙《すずきだいせつ》は「征服者は大衆を治めるために法律や規則、組織を作りそれを明文化する。明文化した法律や規則などを守ることが『モラル』であり、『道徳』とは平和に仲良く幸せに暮らすためには、こうしなければならないとか、こうする方がいいという真心から自然発生的に生まれたものである」と説いています。このあたり、昔から日本と中国との人間性、宗教観などは大きく隔たりがあったことを意味しています。同文同種というのは全くの誤解！

石　そもそも、日本の「神道」には人間の振る舞いについての教えはないでしょう。経典もありません。しかし、神社に入ると自ずと自然に、拝んで、人間の心が清らかになります。拝むことで、自然と悪いことはしなくなります。それが、日本的な考え方です。

親子関係に口を出す儒教は危険思想

宮崎　ともあれ、儒学の「モラル」というのは、中国人に基本的にどれぐらい受け入れられたのでしょうか。これを守ろうという意識は中国人にあったのかな。

石　私は基本的になかったと思います。たとえば、『論語』を読めばわかりますが、論語は親子の関係について強制することはまったくありません。むしろ、親を大事にする気持ちがあれば、みんなは幸せだ、いい家庭ができるよと説いているのです。

ところが、儒教は「徳をもって国を治める」と言う。徳を持っている人が多ければ、その国家は繁栄するという考え方です。その「徳」をルールとして人々に強制します。たとえば、子どもは親の言うことを絶対に聞かないといけないし、背けないし、背いてはいけないと諭す。もちろん、その分、親は子どもをしっかり管理します。でも、親子関係をそういうふうに強制的な関係にしてしまうと、自然と親を大事にする気持ちは逆に疎かになってしまう。自然な道徳というより、法規範的なモラルにしてしまったわけです。強制的なものにすると、時には親が子を殺したりすることを正当化することにもなりかねなくなってしまいます。それで、結局、中国ではどうなったかというと、清朝の時代になって、親を守るために法律を作りました。たとえば、清朝の法律では「もし、父親が息子によって不幸にさせられた」と官庁に訴えたなら、その息子はすべてを失うことになったのです。刑務所に入るか、場合によっては処刑されてしまいます。

そうなったら、親子の関係は意味がないものになります。親子関係に自然の感情に基づく愛情の気持ちはなくなります。法律まで作って、「親を敬わないと子は痛い目にあう」ということになる。中国では、本当に優しい親子関係がないというか、薄いから、そんな法律を作る必要性が出てくるのです。普通の優しい自然の親子関係があるなら、わざわざ、このような法律を作る必要はありません。

宮崎 なるほどね。戦後、日本の道徳の衰退が言われています。電車に乗っていて老人が入ってきたら、席を譲る。昔は、それが当たり前の心構えでした。それを、みんな守らなくなったから、電車に「優先席・シルバーシート」を設置したとも言える。老人が立っていても平気の平左でいる若者が目立って増えてきたような気がします。携帯ゲームを座ってしたいものだから、老人が眼の前に立っても、気づいても譲ろうとしません。

石 まだ、民間会社（鉄道会社）のルールでシルバーシートを設けているわけですが、守らない人がいるからということで、さらにそれを是正するために、もし、法律で罰則を伴うような強制措置が認められるようになれば、日本人の思いやりの心が失われた証明になります。最近、心ない親による幼児虐待が相次ぎ、親の子供に対する民法上の懲戒権（第八二〇条・親権を行う者は、子の利益のために子の監護及び教育をする権利を有し、義務を負う。第八二二条・親権を行う者は、第八二〇条の規定による監護及び教育に必要な範囲内でその子を懲戒することができる）を見直す（廃止）動きが出てきていますが、そういう家庭内部の問題まで法律によって細かく規制するとなるとゆゆしき事態と言うしかありませんね。

文化大革命の悪しき影響をモロに受けた習近平

宮崎　ところで、習近平は孔子を読んだことがあるんですかね？

石　おそらく、ないと思います。読んでいても、失礼かもしれませんが、彼の知力ではちゃんと理解できるはずがないと思う。習近平の面白いところは、知力の面で、ものすごく、コンプレックスがあるという点です。

本人には気の毒な話ですが、小学生を卒業したばかりの中学生の時に、前述したように、父親（習仲勲）が文化大革命の煽りを受けて失脚しました。そして習近平は延安市延安県の農村に下放で追いやられて、そこで青春時代を送るのを余儀なくされた。ハッキリいって、田舎の村に本は一冊もありません。本といえば、『毛沢東語録』しかなかった時代です。そういうところで、一九六九年から貴重な青春時代を七年近く過ごした人間です。

宮崎　周りの人たちも字を読めなかっただろうね。

石　だから、彼（習近平）はその間、知的なレベルを高めることができなかった。それで、父親がやっと解放されるとともに、習近平は一応、大学に入りました。彼は国家重点大学のひとつ清華大学に入学しました。しかし、正規の入学試験に合格して入学したのではなくて、政治的基準で選ばれて推薦入学をしたようですね。つまり前述したように、共産党幹部の親のコネで入ったと推測されます。日本の某医大に、文科省のお役人の息子が、補助金の見返りにゲタをはかされて合格したよりも不正があったと言えますね（笑）。

宮崎　文化革命の影響を受けてその当時、中国の大学はどこも閉鎖していたからね。学生の募集を再開しても試験なんかやれなかった。

石　習近平は、大学に入学してからも、ほとんど勉強しなかったようですね。政治、文化、歴史についての基本的知識もほとんど知らないと思います。そして大学を卒業してから、政治家の秘書になって地方政府で働き始めたのです。それが、政治の世界に入るキッカケとなった。地方（厦門市、福州市、福建省、浙江省など）を転々とした。

知的コンプレックスを持つ点では、習近平は毛沢東と似ています。毛沢東は文化大革命のときにどうしてあれだけ、知識人を敵にしたのか。理由があります。毛沢東は一年間、北京大学で図書館の管理員をやっていました。地方から出てきた田舎者（毛沢東）が見た教員や大学生は、悠々と図書館に入ってきます。そして「毛君よ、この本を探せ」と命令され、散々こき使われるわけです。毎日、そういう生活を毛沢東は送っていました。その当時、雲の上の存在であった、教授・学者を真正面から毛沢東は拝顔することはできなかったでしょう。そんな劣等感から知識人に対するコンプレックスがものすごくあったと推測されています。若い時、学んでこなかった習近平なら尚更です。

宮崎　毛沢東も習近平もそんな「劣等感のかたまり同志」だったわけだ。その恨みが文革になり、今日の独裁政治につながっているとなると、末恐ろしくもあるね。

石　ここで、笑い話があります。習近平が外国を訪問すると、自分が、かの地の国の文人の本を読んだことがあるかのようにお披露目するのです。たとえば、フランクフルトのブックフェアの開幕式に出た時には、「異なる文化の相互交流を通じてこそ、異なる国々の人々は中国の孔子、ドイツのゲーテ、イギリスのシェイクスピアを知ることができる。世界文化の一層の交流推進は人類の進歩と平和的発展の原動力になる」とスピーチをしていました。しかし、習近平が孔子やゲーテやシェイクスピアをきちんと読んで、彼らのいわんとするところを十分に読解しているとはとても思えません。結局、実は、何も読んでいないのだと思う。先述したように、普通の中国人なら絶対に間違えることのない、漢字の原稿を平気で、間違って読む人ですからね（笑）。

宮崎　大阪G20には、国賓ではなかったけど、来春の「桜の咲く頃」に、国賓として日本に来たら宮中晩餐会で、『万葉集』を愛読していて、「令和」の時代を奨励するようなことを言うと、朝日新聞なんか、「さすが大人《たいじん》！」と褒めるかもしれない（笑）。そして天皇の訪中を求めたりするかも……。

それにしても、清華大学は今でこそ一流大学だけれども、大学を再開した時にはレベルは相当低く、学力とは関係がなく入学できたらしいね。

石　ですから、中国共産党は、そんな劣等生の習近平を国家主席に祭り上げてどうしたかったのでしょうか。学歴エリートの共産党幹部から見れば、無能だから、当初は扱いやすいと安易に判断されたのでしょうか。現在、国家主席となっている人物・習近平は、能力のある優秀な政治家・指導者ではなく、中国の文化も、哲学も歴史に対する造詣もない野人でしょう。その習近平が政治、経済、安全保障、財政すべて、指導しなければならないところに、いまの中国の悲劇があると言うしかない。

それは、どう考えても無理です。ようするにハッキリといって、この辺にいるおじさんを引っ張ってきて、「明日から総理大臣、文化庁長官、財務大臣、外務大臣、国防大臣を全部やれ」というような話だから（苦笑）。

「孔子平和賞」を狙う鳩山由紀夫サンは謝罪行脚

宮崎　中共政権のメンバーは国民による選挙も経ていない人たちですからね。日本でいえば全体主義の党関係者が、そのまま政権の主要メンバーになっているようなもの。だから国民の批判の声も耳に届かずやりたい放題にもなってしまう。
ともあれ、学歴コンプレックスの習近平が一生懸命に力を入れている「孔子学院」も、そもそも孔子とは何の関係もないのでしょう。
石　ないない、何の関係もありません。孔子の教えを講義しているわけではないのです。だから、さきほどの儒教のルーツと同じです。「孔子学院」は孔子の名前を勝手に借りて、中国共産党の宣伝をしているだけの宣伝機関です。

そのため、アメリカは大学の中にあった約百十カ所の「孔子学院」のかなりを閉鎖してしまいました。人民日報系の環球時報は二〇一八年八月十七日の社説で「アメリカの異常な警戒心」が善意の国際交流を阻害していると主張して、中国側は〃被害者〃の立場だと強調し「学生から幅広く支持されており、カリキュラムについて批判を受けるような事態は起きていない」と言及し、アメリカが公言する「学問の自由」は形無しだと主張していますが、冗談ではない。

しかし、それに対して全米大学教授教会は「孔子学院は中国国家の触手として機能し、学問の自由を侵害している」と批判し、チベット亡命政府のダライ・ラマ師を講演会に大学が招いた時、孔子学院の介入によって中止に追い込まれたことがあったと反論しています。

二〇一八年八月二十日のイギリスBBC放送は、孔子学院に対して三点の懸念があると放送しました。それは、第一に孔子学院こそ「学問の自由」を守っていないこと。中国の政治史や人権問題を避けて、台湾やチベット、新疆ウイグル問題では中国政府の見解を無理やり押しつけている。

また、第二点目は「スパイと情報収集」で、アメリカの高等教育機関に「中国のスパイ網が浸透」(全米学識者協会)しており、その拠点が孔子学院となっているという。第三点目が、孔子学院で教えていることは孔子思想とはまったく無関係なことを挙げています。

ですから、大学で共産主義に批判的な教授たちが、人権問題などで中国を批判するような講義をすると、猛烈な反対、抗議活動を展開すると聞きます。時には、その教授をつるし上げることもあるそうです。

だから「トランプ政権は二〇一九年会計年度の国防予算の大枠を定める国防権限法で、全米の教育機関で実施している外国語教育プログラムの予算が孔子学院に流れるのを国防総省が阻止する条項を盛り込んだ」(日本経済新聞、二〇一八年八月二十七日付)のでした。「孔子学院」(全世界で五百四十八カ所)を閉鎖の動きはカナダ、オーストラリアなど全世界的な広がりを見せています。

ただ、驚くべきことに日本の大学だけが、依然として「孔子学院」(立命館大学、桜美林大学、早稲田大学などで設置)が何事もないように存続しているということですよ。

宮崎　そういえば中国は「ノーベル平和賞」に代わって、「孔子平和賞」を創設していますね。

石　さすがに「令和」などと違って、「ノーベル賞」はスウェーデンが先に登録済みだったので、「孔子平和賞」にせざるをえなかったのでしょうかね（笑）。

宮崎　孔子平和賞の受賞者は誰一人授賞式に出席していません。二〇一五年に国際社会から独裁者として批判されているジンバブエのムガベ大統領と日本の元首相村山富市氏に授与された。

石　ムガベ大統領は「意味がない」といって受賞を拒否、村山氏も健康上の理由から行かなかったらしい。ただ、もし鳩山由紀夫元首相が受賞したら喜んでいくだろうね。

宮崎　鳩山サンは、それ狙いで、南京記念館を訪問して謝罪したりしているわけか（笑）。

「論語」の注釈本を中国の研究者が日本で蒐集

宮崎　石さんは来日して三十年くらいになるけど、最初に神戸（三宮）の本屋（ジュンク堂）に行ったらびっくりしたことがあったと『（新装版）私はなぜ「中国」を捨てたのか』（ワック）で書いていましたね。孔子をはじめとする中国の古典がズラリと並んでいたから。

石　『論語』に関する書籍だけでも何十冊並んでいたのには本当に驚いた。これは凄いと。

宮崎　中国には論語を解説した書籍はそれほどなかったのですか。

石　今はそこそこあるでしょう。私が子供のころは、文革の時は「批林批孔」（林彪《りんぴょう》と孔子を批判）時代でしたからね。最近、『論語』に関する解釈、注釈が、中国でも関心が持たれ始めてきました。この前、北京大学で「論語研究プロジェクト」がスタートしたんです。このプロジェクトは、まずは日本の江戸時代に流行った論語の注釈本を探し出すことでした。京都のあるお寺にそれが保管されていることが分かり、これを一枚、一枚丁寧に写真を撮って、中国に持ち帰って出版していたものです。中国ではここにきて、『論語』をもう一度、しっかり読もうという雰囲気が起こりつつあります。しかし中国で、『論語』を読むにつけ、その注釈がなかなか難しい。結局、日本から注釈本を逆輸入することになったというのが背景にあります。

宮崎　江戸時代の注釈本を手に入れるのは大変だったろうね。それで、はじめて現代中国の学者は『論語』のちゃんとした解釈ができるようになったのですね。それと、もうひとつの質問があります。日本における孔子の解釈は石さんが（中国で）習った孔子の教え、解釈と違っていましたか。

石　私の知っている儒教と論語とは違うなと思いました。日本人の論語の解釈は人間性についての解釈が中心で、中国人の解釈は政治的な解釈が主になっています。中国の儒教は政治的イデオロギーな観点の色彩が濃いのです。

そもそも『論語』には人間性の抑圧、欲望の否定を主張することばは何一つありません。その代わりに盛んに語っているのは「愛」(仁者愛人)であり、「恕《じょ》」(自分が嫌がることは人にはしない。思いやりのこころ)、さらに親の気持ちを大切にする「孝」です。そして、「礼」を大事にしています。論語の「礼」とは相手のことを大事にする意味合いでの「礼」であって人間関係を穏やかにするものです。決して強制的な社会模範とする「礼」ではないのです。

日本は政治的イデオロギーとは関係なく、「巧言令色鮮し仁《こうげんれいしょくすくなじん》」(心にもないことばを巧みにいって、自分を取り繕う人は仁が少ない)に代表されるように、人間にとっての生きる術を見いだす解釈が中心ですね。

儒教は人間に冷淡

宮崎　日本に仏教が入ってきてから約百年間は廃仏毀釈《はいぶつきしゃく》(仏教寺院・仏像・経巻を破棄し

て僧侶などが受けていた特権を破棄する）があって既存勢力である神道は、邪教の仏教をいかにして廃絶するか奔走しました。

それで、欽明天皇の時代に百済から送られてきた仏像を巡って曽我氏を中心とする仏教派と、物部氏を中心にした排仏派と争い（丁未《ていび》の乱）となって、物部氏一族は滅ぼされてしまう。それで仏教が日本で固定します。この戦いをキッカケにして、神道はこれまで特になかった形式をあわてて作るわけです。具体的にはお社《やしろ》を作りました。

宮崎　仏教と神仏が混合していく……。

石　それはかなり後です。

宮崎　さっきの話で仏教を日本人が取り入れて、徐々に日本的な仏教にしていくでしょう。

石　空海、最上、親鸞になれば、仏教で本当の意味で大乗仏教になったのは日本だと思うのです。人間は念仏さえ唱えれば救われる。

宮崎　オリジナルのお釈迦様を超えて、仏教を確立した。その後、ピークに達した。道元も中国に留学しましたが、日本の仏教は哲学的な極みに達したため既存勢力となって、あとは衰退するしかなかったのですが……。

石　その一方で、儒教は人間に対して冷酷です。

それを知ったのは私が北京大学を卒業して地元の四川大学で助手をしていたときのことです。大学の同僚と四川省の田舎へ観光に行ったとき百四十三名の女性の名前を刻んだ記念碑を見学しました。この記念碑は清朝晩期に建立されたもので、この女性たちは「節婦《せつぷ》」「烈婦《れつぷ》」と呼ばれていたのです。

儒教から発生した朱子学は「人欲」は人を滅ぼすものとして抑制することを主旨としていました。その教えから結婚した女性は夫に先だたれて寡婦《かふ》になった場合、再婚は許されず、死んだ夫に殉じて自らの命を絶つか、再婚も許されずに一生、子どもを育てた後も一人で老後を送るしかないのです。前者は「烈婦」と呼ばれて後者が「節婦」と呼ばれるのです。これは理不尽で残酷極まりないと思ったのです。

日本の思想史では江戸時代以前には有名な儒学者は一人もいません。日本の有名な思想家はみんな仏教徒です。空海、最上、日蓮、親鸞などです。やっと儒学者が注目され始めてきたのは、江戸時代に入ってからです。林羅山《らざん》、荻生徂徠《おぎゆうそらい》、伊藤仁斎《じんさい》、中江藤樹《なかえとうじゆ》などです。

日本で、儒教が伝わったのはおそらく奈良時代以前、あるいは飛鳥時代には伝わっていたと思います。しかし、江戸時代以前、日本人は儒教にほとんど興味を示さなかった。

しかも、面白いことに長い間、儒教というより、論語には興味を持って『論語』を読んでいたのはお寺のご住職でした。

宮崎　坊さんは当時、代表的な知識人でしたからね。

石　結局、江戸時代は幕藩体制を固めるために儒教の朱子学を導入したわけです。朱子学者はお坊さんから出てきた。林羅山はもともとお坊さんでしたよね。

宮崎　儒教の中でも何ゆえに朱子学を徳川は統治の原理として便利だと思ったのか。そのところがよく分からない。

石　徳川の幕藩体制が成立した時、東アジア全域を朱子学がほぼ制覇していました。当時はまだ明王朝でしたが、その後の清王朝の時代でも完全に朱子学が主流となっていった。そして当時の東アジア地域では朱子学一色といっても過言ではありません。それが大きな理由でしょう。

また、朱子学は天理（天から付与された善性のこと）を実行するのは皇帝であり、権力者だという教えだった。そのため、政治権力を一貫して肯定して秩序を守る思想だった。おそらく、この教えが徳川幕府にとっても都合がいいと思って朱子学を広めようとして、国教に採用したのではないかと思います。しかし、お上は朱子学を採用したものの結局、一般庶民は、朱子学にはあまり染まることなく無関係のままで終わったということです。それは日本にとってよかった。

言動一致の「陽明学」は明治維新の立役者

宮崎　「朱子学イコール儒学」ですが、もうひとつの疑問があります。明の王陽明が唱えたもう一つの儒学としての「陽明学」は、中国では異端として排斥されましたが、日本に入ってきてそれなりに定着しました。日本では、江戸時代に中江藤樹によって初めて講説されて、大塩平八郎の乱があり、西郷隆盛、吉田松陰、安岡正篤《まさひろ》などに引き継がれていった。

石　日本の陽明学の最盛期は江戸末期から明治時代にかけてです。

宮崎　面白いことに日本では「知行合一《ちこうごういつ》」という教えは陽明学だと思っているわけです。「知って行わざるは、未だこれ知らざる」（知識があっても行動が伴わないと、知識はないものと同じ。無駄だ。学んだことは実践すべし）が陽明学の真髄です。

ですから、自己の正義感に囚われて倒幕運動に走るものが多く、日本では明治維新で活躍した吉田松陰、高杉晋作、河合継之助《つぎのすけ》、佐久間象山《しょうざん》などが影響を受けました。その一方で中国では陽明学は「人殺し」を正当化する学問だと思って中国では相手にされなかったのです。

石　つまり、中国では世間をかく乱するものとして、基本的に排除されました。兎に角、陽明学は儒教をもっと原理化したもので、儒教をより厳しく捉え、原理主義化されて行動を伴うものでないと意味がないとしたのです。

行動するという観点からすると儒教はハッキリいっていいかげんなところがあった。儒教は「五経」を造ったものの、ちゃんとした理論体系というものはありません。中国は南宋時代（一一二七年〜一二七九年。北宋が女真族の「金」に華北を奪われると、南遷して淮河以南の地に再興した政権）になると、教えと行動が伴わない、一致しない朱子学は偽りの学問として排斥した時代があったのは事実です。

宮崎　結局、南宋は淮河の南に移動したあと、少数民族になってしまった。あれが華僑の源流ですよ。

石　この時代、中華民族のコンプレックス、喪失感を救うために、結局、儒教が理論的に純粋化されて、知的な理想主義に対して現実主義的な批判を加え、実践を重視した陽明学がもてはやされたのです。

知識と実践を一致させた知行合一と、良知に基づく行動は外的な規範に束縛されない「無善無悪」という二つの顔を持つ「天理」がすべて正しいというのが原理であり、モラルでした。結局、天理を守るために人欲を滅ぼすことを重視しますが、朱子学者たちは禁欲はしませんでした。妾は何人もいたようですから（苦笑）。

宮崎　日本の住職と同じだな（笑）。だから、昼は朱子学、夜は陽明学ともいわれていましたね。伊藤仁斎以下、日本の儒学者の大半は陽明学者でもありました。

石　日本の庶民たちは朱子学とほとんど関係のないところで暮らしていました。先ほど申し上げたように、朱子学が支配下の中国では、夫に先立たれると女性の生きる道は二つしかありません。子どもがいれば、節度を守って一生、未亡人のままで子どもを育てる。子どもがいない場合、夫の後を追っていくべきだと。しかし古代から近世まで、日本人にはそんな考えはないでしょう。

宮崎　昔から日本では女も再婚は平気です。だって徳川家康の息子の秀忠の正室「お江」だって三婚です。中国ではあり得ない話です。とくに朱子学の世界では。だから、今や「後妻業」なんて怖～い「職業婦人」も日本には出てくるわけだ（笑）。

第四章

中国社会をいまも支配する「宗族主義」「一族イズム」が腐敗の根源

習近平も親、一族の利益が最優先

宮崎　習近平は儒学や孔子と学問的にも思想的にも関係ないですね。

石　彼は、そういった形而上学《けいじじょうがく》の世界とは基本的に無縁な人です（笑）。

宮崎　習近平が守ろうとしている道徳律は何もないということですか。あるとすれば共産党の利益のみですか。

石　共産党の土地、利益を守り拡大するというより、一族の利益を守ることが最優先となります。親子関係、親族を大切にするという観点からは、儒教や論語の世界とも若干の関係があるともいえます。

宮崎　そこで、次の話題に行きたい。石さんに「宗族主義《そうぞく》」（自分の一族、家族を大事にする。一族、家族のためなら汚職など悪いことをやっても構わないという考え）についてお尋ねしたい。つまり一族イズムが、いまも中国の生活基軸になっていますよね。それはいつごろからですか。

石　歴史を遡ってみると、定着したのは宋の時代からです。唐時代にその原型があったのですが、歴史的に見れば完全に定着したのは宋時代といえます。そういう意味では朱子学と結構、「宗族主義」は親近性があります。

宮崎　朱子学の教えの中には、一族を守れという基本の哲学を説いているのですか。

石　朱子学は一族の長の権威を、もちろん、皇帝の権威もですが、独断的に正当化しているのです。原理主義的な朱子学の考えでは一族の長の命令は絶対に従わないといけません。上のものの指示には服従あるのみです。秩序を乱さず協調するのが朱子学です。

そういう朱子学の教えは「宗族主義」の教えと基本的には一致します。そして朱子学、儒学もそうですが、祖先崇拝を基軸としており、宗族主義も祖先を崇拝することを一番、大切にしています。

宗廟が栄えている中国

宮崎　今、韓国はその典型ですが、宗族を開いた祖先のお墓を中心に、村があります。中国のお墓もそうですね。宗廟《そうびょう》があるでしょう。宗廟信仰みたいに海外に散った人（華僑）も年に一度は必ず、宗廟に集まって、一族のお参りをします。そういう伝統が中国や韓国にあった。でも、近年、韓国の宗廟を見るとさびれていますね。広州市の観光スポットの代表格は「陳氏書院」ですが、あれ、陳氏宗廟ですね。観光スポットになっちゃってる。

石　中国は逆に宗廟は栄えています。文化大革命の時、宗廟を全部潰して人民公社にしました。しかし、気が付いたら、人民公社も再び宗族に乗っ取られて、人民公社はどうにもならなくなって解散です。解散したら、一気に農村社会では宗廟が復活しました。

宮崎　私は以前、中国雲南省の山奥に旅行したことがあります。ミャンマーとの国境付近でした。行くと、宗廟だらけ。その地域では宗廟の豪華さを競い合っていました。隣の宗廟が高価な瓦を使ったら、うちはさらに高価な瓦にするとか。

石　明時代まで、農村社会は宗族が支配していました。たとえば、私の故郷では周辺の三つの村がみんな石一族です。それで、真ん中の村で、石一族の祠堂《しどう》が先祖を祀っています。そこは、宗教的な役割をするために一族が集まる場所になっているのです。祠堂にはもう一つの役割があって、それは「裁判所」です。

宗族というのは、小さな国家みたいなものです。何か揉め事が起こると、一族の中で裁判をします。たとえば一族の中で悪いこと（物を盗んだとか）をやった人を捕まえて裁判をするわけです。しかし、自分の宗族とは関係のない人から物を盗んだら、それは別に構わないとみなされます。自分の集落の外で物を盗んで、その人が自分の村に逃げ込んだら、みんなでその人を守るのです。

宮崎　宗族のためなら人を殺しても構わない？　むしろ英雄になるわけだ。

石　そういうこともありえます。

社会福祉的な役目を担う

石　宗族の組織「族会」の上に「族長」がいます。だいたい高級官僚になった人が地元に戻ったら族長になります。また宗族には予算がある。つまり、宗族としての財産がある。みんなから集めた資金が宗族の財産になるわけで、それが一族の社会福祉に使われ、宗族一族が連帯してつながります。

そもそも、中国で歴代王朝は庶民には何もしてくれません。もともと中国には社会福祉の概念がないのです。たとえば、親が死んでしまった子どもを誰が扶養するかが問題となります。王朝はその子のために手を差し伸べてくれません。宗族がその子どもを養うのです。教育も宗族が責任を持って実行することになります。

宮崎　学校はどうするの。

石　塾を作って宗族の長が運営します。一族の中で賢い子どもたちを集めて、教育をして、科挙試験を受けさせて合格させるのです。

宮崎　賢くない子どもはどうするの。

石　それはしょうがない。全員に教育を施すのは無理ですから。適材適所でやっていく。

宮崎　その点、合理的だね。

石　中国では国家に意味がないのです。今の一般庶民たちにとっても同様です。

宮崎　海外にいる華僑も、国家意識はない。

石　そうです。

宮崎　海外華僑が団結するから怖いという論理を唱える人がいますが、華僑が中国国家のために尽くすわけではないよね。

自分たちを守ってくれるのが「宗族」

石　それはその通り。華僑にとっても国家は別次元の存在です。むしろ、国が嫌いだから、華僑になったわけですから。（国家は）邪魔な存在でしかありません。国家は税金を取り立てるだけの存在です。しかも、国民に対して社会福祉は何もやってくれないのです。「国は俺たちからおカネばかり取るし、兵隊にも取られる。迷惑この上なし」と。
　こうした中、中国人にとって自分たちを守ってくれる唯一の存在が「宗族」「一族」なのです。たとえば両親や子どもが病気になったら、宗族が病院代を出してくれるし、生活に困ったら、宗族が生活を援助してくれます。子どもの教育費も出してくれるわけです。宗族は自分たち一族を守ってくれる大事な組織体なのです。
　たとえば、別の宗族の人に自分の宗族の人が殴られたら、宗族同士が交渉します。だが、交渉が妥結しなかったら、どうなるか。宗族同士の戦いになるのです。昔の宗族が武装集団でもあったのはそのためです。手加減はしません。本気で戦う。歴史の記録によれば、そういう戦いはたくさんあります。宗族と宗族の戦いはいつまで、続いたのか。私の知っている資料では二〇〇九年まであった。
宮崎　今でも、あるんじゃないの。
石　あるかも知れない。

習近平は「宗族政治」をやっている

宮崎　すると、習近平は宗族政治をやっているようなものだね。

石　その通りです。結局、宗族の人びとは一族の利益を守ることしか眼中にない。だから、中国の官僚がどうして腐敗するのかは、簡単な話です。官僚になるためには試験にパスする必要があった。昔なら「科挙」です。その試験にパスするためには大変な教育資金が必要なのです。宗族がそのおカネを、頭のいい子供のために出してくれるわけです。

そして、試験に合格して、めでたく高級官僚になったら、その人は自分のために援助をしてくれた宗族のために何かしないといけないという強い気持ちが働きます。しかし、官僚の給料はそんなには高くはない。その俸給だけでは宗族のために何もできない。だから、賄賂や不正行為に手を出すのです。

しかも、宗族からすれば折角、この人にいい環境を与えて教育させて、科挙試験にパスさせて、ついには高級官僚になってもらったのに、もし、この人が、賄賂のひとつも取ってこなかったら、宗族からすれば裏切りみたいなものです。宗族の立場から見れば、賄賂を取って、それを宗族のために付与・還元する人ほど、いい人、偉い人なのです。

宮崎　賄賂をたくさんもらい、ばらまく人は宗族における英雄ですね。

石　そうです。この論理は今の中国でも同じです。中国の腐敗、汚職がなくならない理由はここにあります。笑い話ですが、仮にお父さんが官僚になって、賄賂を貰わないと女房に家に入れてもらえません。子どもたちもその父親をバカにする始末です。賄賂一つうちの親は貰ってこないと、子どもたちに軽蔑される。逆に賄賂を取れば取るほど、家族の中で高く評価されるのです。

リベラルな大学教授も研究費を懐に入れて平気

宮崎　以前、石さんから聞いた話だと、北京大学の教授が日頃、腐敗は政権を潰すことになるからダメだと偉そうなことを言っていたらしい。

石　その教授が大学に研究プロジェクトを申請して、許可されて三百万円の研究予算が下りました。そして、その教授はその研究費で何と、子どもにピアノを買ってあげて、自家用車を買ってしまったのです。驚いてその教授に「研究はどうするのですか」と尋ねたら「お前はバカか」というのです。そもそも「ピアノや自動車を購入するためにこのプロジェクト計画を立てたわけじゃないか」。今でもこの体質は同じでしょう。

宮崎 日本でも科研費（科学研究費補助金）の使い途がいろいろと問題にされるけど、そこまで「私物化」はできないよね（笑）。

石 しかも、こういう不正行為は、私の同級生までやっていた。同級生は天安門事件で民主化運動の時にハンストまでやって、民主化を求めました。今は、北京大学の教授になっています。約十年前に会ったら、高級一眼レフのカメラを持っていた。日本でも何十万円もする超高級カメラです。思わず、私はその同級生に「そんなカメラ、君の給料では買えないだろう」といったら、「俺の給料で買えるはずがないだろう。研究費、研究費」と笑っていた。研究費から自分のカメラを買ったというわけです。しかし、彼の研究はヘーゲルの研究です。「ヘーゲルの研究をしているのに、どうしてカメラが必要なんだ」と。だがその同級生がいうには、教授・研究者たちみんな同じことをしているというのです。

四川省に住んでいる私の親戚にも、そういう教授がいます。その教授はすごく正義感の強いマジメな知識人です。普段、会ったら熱心に共産党権力の腐敗問題を論じる人格者です。とくに、中国の明時代の歴史を研究していて「明王朝が潰れたのは、腐敗で潰れた。だから、腐敗は絶対にいけない」と私に説教までする。しかし、この教授の娘婿が何と腐敗していた。というのも、娘婿が税務局の局長に昇進したのです。税務局の局長になったら、腐敗は凄いことになります。

まず、企業経営者たちが脱税をします。それに目をつぶってもらうために局長へ賄賂を持ってくるのです。ようするに一億円の脱税を許してくれるなら、一千万円を差し上げますという話になります。それで、その娘婿の局長、就任して数カ月もたたないうちに、成都の街のど真ん中にある高層マンションの最上階、広さは百五十平方メートル以上、日本円にして一億円以上するものをプレゼントされました。権利書、家具付きのマンション一戸を局長へ贈ったのです。

親戚中の人たちはこの話を知っています。この教授も、娘婿のマンションへ招待されていて「良かった、良かった」といって大喜びしている。

「娘たちが、高級マンションに住むことができて本当に良かった」と。その時点で、もう日頃の〝腐敗ケシカラン論〟の持論は忘れてしまっている。つまり、中国人にとっては、国と自分の腐敗問題は別次元の話なのです。表向きでは、国や他人の腐敗は許せないけど、自分や自分の家族の腐敗は別という認識です。それが、中国伝統の「宗族の論理」「宗族の倫理感」なのです。

ファーウェイにも「宗族の論理」が生きている

宮崎 習近平も、そんな「宗族の論理」で動いているということですか。

石 習近平ファミリーの汚職・腐敗は誰でも知っていることです。腐敗を取り締まっている王岐山自身も汚職まみれです。

宮崎 他人の汚職は捕まえるけれど、自分の汚職はいいことになる。それが一族のためなら褒められこそすれ貶されることはないと。勝手な理屈ですけどね。

石 ですから、中国人からすれば、「腐敗撲滅運動」は、「習近平一族」対「ほかの腐敗一族の戦い」にすぎません。

宮崎 ということは、習近平は、外では米中貿易戦争を闘い、内では、宗族間での腐敗戦争を係争中ということになるわけだ。

石　どっちも大変（笑）。

宮崎　今の話から続いてファーウェイのことをお聞きしたい。なぜ、ここでこの話を持ってくるのかというと、中国共産党が推し進めている「中国製造２０２５」の中核企業はご存じのようにファーウェイです。それとともに５Ｇ（第五世代移動通信システム）の開発でも世界中が凄いぞといって一時、ファーウェイに絶賛の声が挙がっていました。ところが、「宗族の論理」を当てはめると、この会社の研究員は本当に研究しているのか？という疑問が生まれます。

石　ファーウェイは創業者の任正非さんと、娘の孟晩舟・副会長兼最高財務責任者（ＣＦＯ）が経営の全権を握っています。アメリカ司法省の要請により、孟晩舟はカナダ空港で逮捕され大きな話題となりました。

逮捕の理由はアメリカ金融機関に虚偽の申告をしてイランなどにアメリカ製品を輸出した疑いがもたれたことです。現在、保釈中ですが、アメリカに移送されて有罪になったりして娘が潰されたら、ファーウェイ支配の一角が崩れます。もし、そうなったら創業者の任さんは相当、追い込まれます。

実はああいう会社は近代的に構造化されていなくて、前近代的な体質なのです。結局、任一族がすべてを握っていることが、経営基盤を軟弱なものにしていると思います。

宮崎　アリババ（一九九九年に馬雲《ばうん》が創業、企業間電子商取引で急成長を遂げた）、テンセント（一九九八年に馬化騰《まかとう》が創業、世界最大のゲーム会社に成長）も同様な体質を持っているでしょう。

いずれも、共産党との関係はあるでしょうが、まず、ファーウェイの問題から指摘します。この会社は世界中に二十万人ぐらいの従業員がいてスマートフォン市場で同社製品が世界の約半分のシェアを占めるまで急成長を遂げました。でも、その実態はというと賄賂でマーケットを広げているのに過ぎないのではないか。

二番目に同社は目を見張るような研究成果を発表しています。そのアナウンス効果がすごい。ファーウェイの最大のネックだったのが、半導体が供給されなくなる危険性があることでした。スマホ向け半導体などの電子部品は村田製作所、東芝メモリ、京セラ、ロームといった日本の電子部品メーカー、韓国と台湾の半導体メーカーが下請けとして供給してきました。「日本の部品メーカーから調達額は五千億円規模」（日本経済新聞、二〇一八年十二月八日付）に達していますが、アメリカの事実上の輸出禁止規制で供給ができなくなるなど、その影響は急速に広がり始めています。

またZTE（中興通訊、一九八五年に創業、世界トップクラスの通信設備、携帯端末の開発、生産会社）に至っては半導体はすべて、米国のインテルなどから購入していた。だから、二〇一八年四月にイラン制裁違反を理由にアメリカ企業との取引を全面禁止されたとき、ZTEはスマホ向け電子部品の調達が不可能となり実質的に生産停止となり経営危機に追い込まれました。ファーウェイはこのことを教訓にして、半導体など電子部品を自社生産すると計画を大々的にぶち上げて、すでに準備をしたといっていた。

アメリカのトランプ政権がファーウェイへの輸出規制を決定したことについて、ファーウェイ側は「我々は法に触れることは何一つしていない」と反論、半導体など基幹部品の自社開発を進める方針を示した（日本経済新聞、二〇一九年五月十九日付）といいます。

そして、「（クアルコムなどアメリカ企業が生産に不可欠な）半導体製品を売ってくれないならそれでいい。準備は以前から進めてある」と、強調。グループの半導体設計会社、海思半導体（ハイシリコン）などを通じた独自開発を推進する考えを示唆した（同）ようです。

私は、これは虚勢だろうと思うわけです。中国人の体質からいってね、ハッタリでしょう。それまでの間に、研究開発などの壮大な「ちょろまかし」をしてきたはずです。

石　そうです。というのは中国人の企業に対する考え方に「宗族制度」が出てくるわけです。日本の場合はひとつの企業が、創業してから何百年間も続くことが数多く見受けられます。やはり、日本の企業には「一族イムズ」を超えた論理があって、三井、三菱にしても江戸時代から起業して同じ血縁、一族でなくても、経営を継続していきます。逆に能力がなければ創業家の血縁者だとしても後継させないようにする。中国の宗族にはそれができません。そういう考えはないのです。血縁関係のある宗族でなければ、信用しないというのが中国社会の在り方なのです。

宮崎　中国では、本当に素晴らしい企業でも一代で倒産しています。

石　ようするに、一代限りで終わってしまうことが多い。ただ、ファーウェイは特例で珍しく成功したと思います。それでも西側の企業論理はファーウェイでは成立していません。ファーウェイに勤めているすべての中国人は、この企業が自分たちを守ってくれるという認識はまったくない。極端ないい方かもしれませんが、企業は自分にとってひとつの「食い物」「食い扶持」でしかないのです。

宮崎　中国人は、所属する企業に対する忠誠心はまるでない。

石　ないどころか、企業は自分たち一族の生活を支える手段でしかない。

宮崎　たとえば、仕入れ部長は、下請け企業から賄賂を取ることしか考えていません。部長になれば、自分がこれまで、出世するためにかけてきたコスト分を取り戻す、ピンはねをすることに一生懸命になる。そういう仕組みになっている。

石　ファーウェイに勤めている社員は、ファーウェイのために仕事をしているわけではなくて、自分たちの一族、家族、宗族のために働いている。ファーウェイは自分が稼ぐための手段に過ぎません。しかも、中国人にとって稼ぐというのは、コツコツ仕事をして給与を貰うということではなくて、不正なことも含めてあらゆる方法を使って効率よく得する稼ぎ方をするという認識です。

宮崎　つまりは、あらゆる汚職に手を染めて稼ぐのが本筋だと。皮肉を込めていうと、その面で中国人は天才かもしれない。何の罪悪感もなく、先述の大学教授みたいなことを、上から下の階層までやっているからね。

石　大半の中国企業は、技術開発のために長期期間の投資はしません。だから、社員のほうとて、たとえば、所属している企業の十年後、二十年後の発展を見込んで働こうといった意欲は持ちようもない。不可能です。どうしてか。その企業はいつ誰かのものになるか分からないからです。

他人のために自分が「汗水」を流すことを大変、嫌います。飽くまでも企業は一族が稼ぐための手段であって、企業の存続に興味はまったくないのです。一族の存続がすべてですから、ファーウェイも今の創始者とその一族が消えたら、きっとバラバラになるでしょう。

5Gを中国が先行したら最大の脅威を迎えるアメリカ

宮崎　ファーウェイの将来について、そこまでトランプは予見していないでしょうが、純粋に5G技術が中国に先行されたら、大変なことになると危惧しているのは正当ですね。5Gになると、処理速度が4Gに比べて一〇〇倍、データ収集能力は一〇〇〇倍に性能が格段に向上します。そんな5G開発で、中国に先手を打たれたら、ある日突然、アメリカ軍の命令指揮系統が、〇・〇〇〇〇〇一秒の差で中国軍に乗っ取られることだってあり得る話です。そうなったら、アメリカ軍はその瞬間、中国に完全に負けますね。だから、これはすごい脅威だと思うのは当然のこと。国防上、5Gは中国が先行したら大問題になるという認識がアメリカ側には与野党の区別なく強くあります。
ところが、サイバー以外の中国軍の実態はというと、そんなに脅威でもない。この間、中国海軍は国産空母を建造しました。造って見せびらかしのために公海に出たのはいいけど、そのままどこかの港に隠れてしまった。その空母はもう動かないかも知れない（笑）。

石　その空母を造った国有造船会社の経営者が逮捕されましたよね。二〇一九年一月に中国最高人民検察院は、中国国有造船大手の中国船舶重工集団公司の孫波・前社長兼党組副書記を収賄罪と職権乱用で身柄を拘束しました。船を建造するにあたって、建造費をちょろまかした罪のようです。実は高速鉄道の建設もそうです。高速鉄道が新たに完成した後に、鉄道の部長が逮捕されたことがありました。

宮崎　孫波には七月三日、懲役十二年の判決がでました。二〇一一年でしたか、鉄道部長だった劉志軍が汚職容疑で逮捕されたことを覚えています。行方の分からなくなった工事費関連のカネは、運輸局長の張曙光一人だけで四百億円にもなったという事件でした。汚職する規模が日本とケタ外れに多いことに驚きます。鉄道の利権というのは、元国家主席の江沢民が握っていましたから、鉄道部長は単なるスケープゴートであって、収賄したおカネは、だいたい上納されているわけです。

軍の腐敗で一番ひどいのは総装備部です。兵士の帽子から軍服、靴まで全部、外注している業者から賄賂を取っています。一番、懐が温まる仕事です。

それで、軍事予算が毎年、ドンドン増えてきて、しかも装備が最新式になってきて、加えて宇宙航空分野まで人民解放軍は積極的に展開し、果てしなく総装備部の利権が広がっています。

いずれにしても、人民解放軍の兵士も、ファーウェイ等々の企業に勤める労働者同様に、国家のために戦うという愛国心があるとは到底、思えません。武器開発に携わっている研究員とて、国家のために開発するという意識は相当、薄いのではないでしょうか。だから、人民解放軍に最新鋭の武器が完成したと、中国メディアを通じて時々盛んに宣伝していますが、本当かいなと思うわけです。

また、中国人民解放軍は沿岸部に台湾向けに一千八百発のミサイルを装備したというけれど、半分は囮だと思う。ペーパーミサイルでしょう。さらに、残り半分のうち、その半分は飛ばないと思います。発射したミサイルも半分は当たらない。となると、全体のミサイルのうち、一二・五%ぐらいが一応、辛うじて目標に向かって飛んでいくだろうという計算が成り立ちます。

中国海軍は「張り子の虎」でしかない

石　軍関連の不正は、中国では昔からやっていることです。

かつて李鴻章《りこうしょう》（一八二三年～一九〇一年、中国清朝時代の政治家）が創設した艦隊に「北洋艦隊」というのがありましたよね。実力は当時、アジアで一番といわれ、大日本帝国海軍より遥か上でした。ドイツに発注した最新鋭の甲鉄砲塔艦「鎮遠《ちんえん》」を投入し、戦えば日本帝国海軍は北洋艦隊に絶対に勝てないといわれていました。しかし、黄海海戦（一八九四年九月十七日勃発）で北洋艦隊は日本帝国海軍に見事に負けるのです。

負けた理由は簡単です。李鴻章が、日本と開戦する前に、北洋艦隊を視察します。視察しに行ったら、「お前たち大砲の砲弾、準備できているか」と尋ねました。そうしたら部下は「ハイ、ちゃんと準備できています」と答えるのです。そこで、弾薬庫を李鴻章は見に行きます。すると、砲弾の入った箱が、見事に倉庫に並んでいました。それを見た瞬間、李鴻章は喜んだのです。しかし、直感でちょっとおかしいなと思い、部下に「この箱を開けろ」と命じました。

部下は真っ青になって、「すみませんでした。許してください」と泣き崩れるのです。それでも「いいから箱を開けろ」と命じた。そうしたら、箱の中に入っていたのは砲弾ではなくて、すべて石ころが入っていた（笑）。武器や砲弾を調達する予算、おカネをすべて、自分たちの懐に入れてしまったというのが北洋艦隊の実態でした。李鴻章はその場で、卒倒します。

だから、李鴻章は日本と戦っても最初から負けることが分かっていたのです。要するに北洋艦隊は相手を威嚇するためだけの見せかけの「張り子の虎」もいいところの艦隊だったわけです。

宮崎　その状況は今も同じ。中国海軍は空母を二隻持ったと世界中に宣伝しています。たしかに二隻を持ったけれども、訓練したら、戦闘機の発艦はできるけれども、うまく着艦はできない。着艦するとき、空母にぶつかって、何人もパイロットが死んでいます。公表されているだけでも六人です。そのほかに発表されていない、闇から闇に葬られてしまったパイロットも数多くいるでしょう。

石　先ほどの北洋艦隊の話ですが、結局、李鴻章は部下を処分します。太平天国の乱（清朝時代に起きた大規模な反乱）を鎮圧した当時から長く信頼していた部下を処刑することになったのです。その部下が泣きながら李鴻章に訴えます。
「私の一族は何十人もいて、その一族を養わなければなりません。朝廷からいただいた給料はわずかです。給料の重さをご存じでしょうか。晩御飯を一回、一族が食べればそれでおしまい。私は一族をどうやって養ったらいいのでしょうか」と釈明するわけです。李鴻章も「君の話は分からないわけでもない。しかし、もう不正がバレた以上、君の首を貰うしかない」。李鴻章も泣く泣く、この部下を処刑したのです。これは中国で有名な話です。

宮崎　汚職した部下を処刑（粛清）するのは、昔もいまも変わらないんだね。

ファーウェイは国策企業

石　胡錦濤政権時代、日清戦争をテーマに中国のテレビ局がドラマ番組を制作しました。この番組では日本はどうして勝ったかがわりと正確に描かれていた。胡錦濤政権の時代は日本の評価すべきところは評価していましたからこれは面白かった。ちなみに、「共和に向かって」（『走向共和』）というドラマ名です。日本でいうところの何十話も続く大河ドラマで、清王朝が倒れて、孫文の革命になっていく――というストーリーで、多くの日本人俳優が起用されていました。明治天皇役に矢野浩二、伊藤博文役に平田康之などが起用されていたし、いわゆる反日一色でもなかった。

その典型的なシーンを今でも鮮明に覚えています。何かというと、日清戦争で中国は敗れましたよね。敗れたとの情報が中国の西太后《せいたいこう》に伝わります。その時、西太后は何をしていたのかというと、豪華な晩御飯を食べていたのです。長方形の大きなテーブルいっぱいに料理が並んでいて、お皿が百近くもある。彼女の一回だけの晩御飯だけに、まったく食べきれないほどの豪華な料理がずらりと並んでいた。もちろん、実際食べるのは、好きなオカズをちょっとつまむだけです。晩御飯の最中に敗戦の知らせを聞いて、西太后はただ沈黙しただけです。

次の場面で、日本が戦勝したという知らせが、明治天皇に伝えられるシーンが出てきました。ドラマによると、戦争に勝つまでは朕《ちん》（明治天皇）は食事を制限していたとの設定。清に勝ったという知らせが明治天皇のところに届いたら、明治天皇は涙を流して、歓びながら、「朕は腹が減った」と。そしておにぎりをひとつだけそっと取り出して、おいしそうに食べたのです。

宮崎　中国にしては、史実に即した、よくできたテレビドラマじゃないか（笑）。

石　日本の明治天皇はそこまで節制し国民のために我慢している。しかるに、国民のことを考えず、贅沢三昧の西太后では、負けるに決まっているというわけです。ただし、そのシーンは史実に照らして本当かどうか私には分からない。明治天皇がその当時、自らが食事を制限していたかは未確認です。

宮崎　ところで、話を前に戻しますが、ファーウェイの創業者である任氏は一九四四年生まれだから七十代半ば。この世代だと、彼は中国軍とは関係ないといっていますが、完全に軍の出身者で、軍の命令を受けて企業活動をしてきたと思う。任正非は記者会見で軍とは関係ないと強く否定しましたが、否定すればするほどにファーウェイは最初から軍の別動隊だったことが浮かびあがってきますね。

石　私もそう思います。ようするに、若い時に軍の技術幹部として活躍していたのです。そもそも軍は技術幹部を外に出さないことになっています。それは軍の技術を外に漏らさないためです。ですから技術幹部は生涯、軍にいるのが普通です。一般の兵士は兵役を終えると、除隊して外に出るけれど、技術幹部は勝手に辞職もできないのです。

宮崎　普通の兵士だったら辞めても何の情報も持っていないから問題はないでしょうが、軍のエリート技術者となれば違うでしょう。

石　いずれにしても軍のエリート技術者は本人の意思で辞めることはできません。重要な機密情報を持っていますからね。しかし、ファーウェイの創業者である彼はその点、妙な経歴です。普通なら軍を辞めることはできないのに、軍から飛び出して、会社を創設したわけですよね。これまでの軍関係者の中にはそうした例はありません。

宮崎　その観点からも、ファーウェイは怪しげな会社ですよね。昔、あるロシア人が日本人妻と一緒に表向き電気商を営んでいたのですが、実はロシアのスパイだった。電気商は偽装です。民間企業として配電とか、コンセント、スイッチとかの電化部品を販売してその地域でのしあがったと聞いています。が、実態は違うのです。中国でも同様です。つまり、政府の意向を密かに受けた偽装「民間人」はたくさんいるということです。

石　ファーウェイは、完全に国策会社であって、軍と深い関係にあるのは間違いない。創業当初から軍の系列として軍の別部隊という形でスタートした可能性が充分にある。

具体的にいうと軍の情報機関はもちろんのこと技術部門、国家全体であらゆる支援・援助を受けていたということですよ。しかも、税制などでの特別優遇措置を国から貰っています。また、外国企業や研究機関から、さまざまな不正手段を通じて最新の技術情報を盗み出して、それを利用して大きくなっただけの話です。

宮崎　想定を超えた速さと、規模になりました。巨大企業になったといっても、国家の全面的なバックアップがあり、タイミングよくスマホのブームに乗れたということもその背景にあるよね。

石　ファーウェイのシステム技術は、おそらく自分たちが独自で開発したものではなく、欲しい技術を国家や軍に盗ってもらうのです。すると国家が情報機関や関連企業などいろいろなルートを使って、その技術を盗み出し、それをファーウェイに与えるという仕組みです。その一方で、軍の情報機関などがファーウェイに任務を与えます。そのような関係だと思います。

宮崎　相互作用でぶくぶく、太ったわけですね。

石　そうです。ファーウェイはおカネには困りません。中国の国有銀行がファーウェイにとって金庫みたいな役目を担っているからです。いくらでも、おカネはその国有銀行から調達できます。

盗まれる日本の国家機密

宮崎　日本の新聞を読んでいると、ファーウェイの技術はすごいと書いてあります。そして、特許の出願件数はアメリカを超えたと報道されました。「『5G』に関する特許出願件数で中国が三四％と、現行の4Gの一・五倍以上のシェアを握ることが分かった。

4Gでは欧米が製品の製造に欠かせない標準必須特許を握ったが、次世代産業インフラとして注目される5Gでは中国の存在感を増す」（日本経済新聞、二〇一九年五月三日付）なんて、騒いでいます。そして、出願件数が最も多い企業はファーウェイでシェアは一五・〇五％だったと報じています。これも実態をよく見ると、特許の成立件数ではなく単なる出願の件数です。

石　大量に出願しているだけの話。

宮崎　兎に角、少しでも多く出願して他の出願者の道を塞ぐという作戦でしょう。物量作戦で特許を有利に展開しようとする意図があるのは確かです。それから、もう一つ、特許出願に関して社内競争があって、奨励制度があるのではないかと思います。だから、出願だけ出して奨励金をもらう。別に特許が成立をしなくてもいいという気持ちが研究員の間にあるのではないかな。

もうひとつは、中国の特許弁理士のモラル問題があるのです。外国企業が中国マーケットの大きいことを理由にして進出します。その際、自分が開発した技術について特許を中国で出願します。

そこで、特許弁理士はインチキをやるのです。外国企業から申請された特許を、わざと間違えて翻訳をするわけです。本物は自分（特許弁理士）が発明をしたことにして申請する。どっちに特許が下りるのかといえば、本物の方に特許が下ります。この権利で大儲けするのだと聞いています。日本では考えられないようなことを中国の特許弁理士はやっているのです。

だから、中国の特許弁理士は北京など大都市でベンツ、フェラーリなどを乗り回していると聞いています。高級車に載っているのは、特許弁理士が多いらしい。どうして、特許弁理士がこんなに儲かっているのか。不思議でしたが、こうした、からくりがあったのです。

石　だって、「令和」の商標登録は中国で何千件も申請があったと聞きます。

宮崎　商標に至っては最近、中国でもやかましくて将来、その商標を使用した商品を販売しないとダメだという条件が付きました。二つ目はどんなカテゴリーの商品なのか、区別をつけるように指導しているのです。ですから中国での商標も昔に比べると登録しにくくなったと思います。

ただ、「令和」の商標登録ひとつ取ってみても、中国人の商魂は本当に逞しいよね。しかも、本当かどうか分かりませんが、日本の内閣が発表する前にすでに、「令和」の商標登録申請が出ていたと聞いています。そうだとすれば情報が洩れていたわけです。新しい年号が発表される四日前に申請していたという話しでした。しかもお酒の銘柄でした。

石　それが本当だとすれば、日本の国家機密管理が問われるゆゆしき問題ですね。

宮崎　日本の政府や官界には機密がないから。閣議で決定したことは三十分後には北京では知っているというのだから、どうしようもないでしょう（苦笑）。

台湾は中国に呑み込まれるか？

宮崎　次に、石さんにお聞きしたいのは台湾の鴻海《ホンハイ》精密工業の問題についてです。ご承知のように創業者の郭台銘《かくたいめい》（テリー・ゴウ）氏が二〇二〇年一月の台湾総統選挙に、国民党から出馬することを表明しましたね。郭台銘は、事実上中国が育てた経営者で、中国の代理人です。それで、仮に彼が台湾総統になったら、中国は台湾を何もせずに支配することができてしまう。

石　ただし逆にいえば、この選挙で台湾国民の多くが、この「中国の統合」について問題意識を持つのではないでしょうか。彼は中国寄りという姿勢について露骨すぎるような気がする。

宮崎　台湾の多くのメディアは中国系が乗っ取ってしまい、台湾系の新聞といえば、自由日報と蘋果《ひんか》日報の二つしかない。まして、活字媒体は台湾の若い人は読みませんから、ムードが先行します。トランプと同様に郭台銘氏はブームに乗っている。いろいろなところが調査しているのですが、郭台銘氏が当選する可能性も否定できない。この情勢をアメリカはどう見るか。最後はアメリカの判断です。郭台銘の台湾は支持しないと言明するか……。それによって台湾の流れが一気に変わります。

石　しかし、国民党の公認候補が郭台銘氏ならかえって攻めやすいような気がします。ようするに、どう見ても郭台銘が、中国共産党のエージェント、代理人というイメージが強いからです。むしろ、高雄市長の韓国瑜《かんこくゆ》が国民党の公認候補になったら厳しい戦いになるのではないでしょうか。韓国瑜より郭台銘の方が攻めやすいと思う。

宮崎　国民党も本音をいうと明らかな中国の代理人と分かっているから、公認候補として郭台銘氏を立てたくないのです。だから、元青果市場経営者で「非エリートの庶民派」として中低所得者層で支持を集めている韓氏を公認候補とする動きがでた。すると、七月十五日の国民党の党公認候補を決める予備選挙では韓氏が郭氏に圧勝した。

石　韓氏の方が理想性が高い。

宮崎　しかし韓氏は外交も経済もよく分かっていません。言葉は悪いが、八百屋のおっさんみたいな人物でしょう。一方、与党の民進党は、現職総統の蔡英文が再び出馬することになりました。両党から距離を置く無党派では、柯文哲《かぶんてつ》（台北市市長）氏が出馬する動きがあります。国民党が分裂して、民進党候補者が一本化されれば、彼が漁夫の利となる可能性もある。混沌としていて先が読めない。

鴻海はどうして急成長遂げたのか

宮崎　話は元に戻して郭台銘氏の創業した鴻海はどうして急成長したのか。ファーウェイもびっくりではないですか。郭一族は典型的な中国人ですよね。台湾生まれですが、両親は山西省出身で、戦後、台湾に移住した。

石　蔣介石が台湾に逃げてきた時ですね。

宮崎　台湾に来ても中華思想の教育を受けたから、郭台銘には台湾人というアイデンティティはまったくないだろうね。

石　鴻海が大きくなったのは、実は中国大陸（中共）のお蔭です。

宮崎　一気に大きくなったわけですが、それは歴史的みても稀なことです。最初は小さな電化部品を製造していました。電化製品の組み立てをやっているうちに、アップルから大量の注文が入ってきて、これで、急速に事業は拡大した。中国に十一カ所の工場があります。雇っている従業員はピークには百万人いました。二〇一八年一年間で十万人レイオフしていますが、今年はさらにレイオフするでしょうね。なにしろ、ストライキは年中行事で、強制労働とか、奴隷工場といわれています。従業員の自殺があり、悪評が絶えないひどい会社です。

大きくなったもうひとつの理由が企業買収です。本来の事業だけはあそこまで大きくなれません。日本の電機メーカー、シャープを買収したように、台湾の寄美電子のディスプレイ部門や、総宝電子を相次いで買収して、企業規模を拡大していった。

石 その買収資金は鴻海のカネじゃなく、中国共産党の機密資金ともいわれています。

宮崎 また、こんな話もある。台湾のある電子メーカーの創業者が大陸に工場を造ったのですが、「台湾は独立すべきだ」という発言をしてしまいます。すると、中国は工場長を人質に取って、その発言の撤回と新聞の謝罪広告掲載を迫ってきたのです。その創業者は仕方がなく新聞広告に「私が台湾独立といったのは、間違いでした」という謝罪文を掲載させられました。他にもいろいろな圧力を受けてそれで、創業者は嫌気がさし、大陸にあった工場を郭台銘氏に売却して、経営から身を引いたのです。それから、ますます鴻海は事業を拡大していった。

そして、その郭台銘は総統選挙出馬のため二〇一九年五月十日に、六月二十一日の株主総会を機に経営トップから取締役になることを表明しました。ただ、完全に経営から足を洗うのではなく取締役として残るのは「国民党内の候補者争いに敗れた際、経営に戻れる退路を用意したとも読める」(日本経済新聞、二〇一九年五月十三日付)という見方が一般的です。本当のところは郭台銘が完全に鴻海の経営から離れると、鴻海精密工業がバラバラになることを怖れたのかも知れません。

石　台湾や中国で急成長を遂げた企業に、近代的な経営論理は定着していません。結局ひとりのワンマン経営者を中心に一族が支配しているのが実態です。その支配が崩れると、その企業も破綻します。

宮崎　アリババはどうですか。

石　アリババは、共産党員で、二〇一九年九月には引退することを表明している馬雲（ジャック・マー）会長が、午前九時から午後九時まで、月曜日から土曜日までの六日間働くという「996システム」を社員に強制するような発言を行ったために、ネット上で「アリババはブラック企業だ」などと批判が集中、炎上しましたよね。慌てた馬氏は中国版ツイッター「微薄《ウエイボ》」上で、「996システムは非人道的で、不健康で長続きしないだろう」と書き込むなど、一転してこれまでの主張を取り下げるなど、釈明に大わらわとなった。でも、そもそもの発言を聞くと、アリババは本当にブラック企業というしかない。

「お前たち（従業員）は、ここで996で働けるのはむしろ、幸せだと思え」と実に傲慢な発言もしていた。996を実行しない社員がいると「俺の兄弟ではない」といって辞めさせていた。今でも、馬会長の意識の中では、アリババは自分の会社であり、私物みたいに思っているのでしょう。それは中国の伝統であり、仕方のないことです。創業者の経営者がすべてを決定してきたので、経営者が消えると企業はバラバラとなるのは必定でしょう。

中国企業は後継者難に陥っている

宮崎 中国の多くの企業は、一代で倒産してしまいます。中国で百五十年続いている会社は六社しかありません。トンカチを製造している鋼会社と漢方薬、北京ダックのお店など僅かです。それに対して日本では約百五十社あります。二百年続いている会社も数多くあります。上場会社の約三千五百社を対象に調べたら最古は松井建設の創業四百三十三年、住友金属鉱山は四百二十九年、養命酒製造は四百十七年などいくらでもあります。

石 中国の大企業は後継者難に陥っていますね。一人っ子政策を長くやっていたことから、大企業の経営者に跡取りは息子一人しかいません。大半の中国人経営者はその息子を留学させて優雅な生活をさせています。しかし、アメリカは違います。アメリカの大富豪たちは別に息子に贅沢させません。大富豪の息子でも、大学に入りながらバイトをやっているケースを多く見受けします。

宮崎　ロックフェラーの息子だってハンバーカー店でバイトをしていました。

石　中国はその点違うのです。中国の大富豪の息子たちは世界中で物笑いのタネになっています。いわゆる「ドラ息子たち」で世界中の大学でベンツ、フェラーリをガードマン付きで乗り回しています。さらにプール付きの豪華マンションに住み贅沢三昧の暮らしをしているのです。しかし、その息子たちは父親のお蔭で贅沢に暮らしているのに、会社を受け継ぎたくないと思っている。つまり、引き継いで苦労をしたくないと考えているのです。

父親はワンマン経営者ですから、すべて自分がやらなければならない。その大変さを目の当たりにしているから、息子たちは継ぐのを嫌がるし、逃げるのです。しかし、息子に継がせないと、会社を経営している意味がない。継がないのなら経営権を売却してしまう、ということになります。

宮崎　儲かった会社はすぐに売ってしまう。それはアメリカも同じ。アメリカの経営者もドライなところがあるからね。今、もうひとつアメリカで話題になっているのは、大学にものすごく寄付をして堂々と裏口入学をしている中国人学生が増えているということ。

石 スタンフォード大学がそうですね。最近、中国の漢方薬会社の経営者が、娘をスタンフォード大学に入学させたいために、その大学に六百五十万ドルを寄付しました。

宮崎 何で、それがバレたのかというと、有名大学に子女を裏口入学したハリウッドスターのスキャンダルが発覚し、芋づる式に分かってしまった。中国人は、裏口入学を良く利用する。大学に破格の寄付をして、斡旋屋に多額の賄賂を渡す。その前に大学の理事会でも話を通すらしい。中国の「ドラ息子」で、アメリカの大学をちゃんと卒業している者はほとんどいないと思う。本当に優秀な息子は奨学金で入学して卒業をする。薄熙来（元重慶市書記で奥さんのスキャンダルで失脚）の息子はどうしているのかな。

石 アメリカの大学を卒業したと思うよ。

宮崎 ハーバード大学を卒業した？　その息子もフェラーリを乗り回していて、スキャンダルが出た瞬間に行方が分からなくなった。どこにいたかといえば、エズラ・ボーゲル（一九三〇年生まれ、中国情勢を専門にしているアメリカの社会学者）の家にしばらく逃げ込んでいたという噂だけど。

石　薄熙来も一族主義で、彼が偉くなると、奥さんが権力を傘にして、やりたい放題。外国人を平気で重慶で殺害した。これが命取りになった。

宮崎　奥さんはイギリス人を殺害してその死体をすぐ遺灰にして、証拠を隠滅し、ばれないはずだった。しかし、薄熙来の右腕だった王立軍《おうりつぐん》がバカだった。王立軍は当時、公安部長兼重慶市副市長で満洲族です。薄熙来の奥さんが滅茶苦茶なことをやっていると して、そのテープを持って薄熙来に注意をしたのです。それに薄熙来が逆切れして、王立軍の部下たちを次々に拘束しはじめて、王立軍は身の危険を感じて、女装して成都に行って、アメリカ領事館に逃げ込んだ。

領事館ではどうしていいのか、分からないので、北京のアメリカ大使館に連絡をしたところ、当時のロック大使も判断できず、結局、オバマ大統領に王立軍の進退について判断を仰ぐことになったわけです。

オバマはバカだから、亡命を認めればいいのに、認めなかった。それはオバマの最大の失策ですよ。王立軍は最終的に中国政府当局に拘束されて裁判を受けて、懲役刑になっている。でも、おそらく、刑期中に王立軍は刑務所の中で不自然な死を迎えるかもしれません。除明《じょめい》といって薄熙来と周永康《しゅうえいこう》（中国共産党政治局常務委員）の二人のために尽くした大連市に本拠を置く政商がいました。その除明も逮捕されて刑務所に収監されてから突然、心臓まひを起こしこの世を去りました。前の日まで、ピンピンしていたというのに……。

習近平夫人が「国家主席」となる日は来るか

石　夫人といえば、習近平の夫人・彭麗媛《ほうれいえん》も危険なところにいるといわれています。今、中国共産党内部では第二の江青《こうせい》(毛沢東の四番目の奥さん)になるという噂が出ているから。江青は文化大革命末期に「四人組」を形成し中国共産党に大きな影響力を持つようになりましたが、毛沢東死後に逮捕されて死刑判決を受け、闘病中に北京市にある自宅で自殺をしました。この道をたどる可能性があるというのです。

習近平も、すべての権力を握りはしたものの、指摘してきたように共産党の幹部をはじめ誰も信用しません。そのうえ自分(習近平)は能力がないから、判断するのも大変です。最後は夫人が習近平にとって代わって、江青のように政治的意思決定することになるのではないか。

習近平が命令を下したら、誰にも止めることはできません。しかし、夫人が一言、習近平に意見をいったら、場合によっては変えられるかも知れない。習近平が傀儡となって夫人が実際の政治を仕切るという構図が浮かび上がってくるのです。

もう一人女性がいます。それは娘の習明沢です。アメリカ（ハーバード大学）留学から帰国して、習近平の宣伝工作とか、ネットに関する検閲、統制を娘が手伝っているようです。ネットでの噂ですが、場合によっては習近平は娘を自分の後継者にするかも知れないという憶測が流れています。習近平政権が続くならば、数年も経たないうちに、夫人か娘が陰で政権を操ることになりそうです。

宮崎　北朝鮮みたいだな。突然、国家主席が代わる？

石　国家主席がすぐに代わることはないけれども、最近、そういう兆候がでています。二〇一八年、アメリカの実業家ビル・ゲイツが中国を訪問した際に、習近平夫人がビル・ゲイツと会談をしたのです。本来なら、国家主席の夫人は、夫人として外交の場に出ることになるのが普通。ところが夫人が単独で外国人要人と面談するのは異例でおかしい。

さらに、おかしいのは最近ですが、習近平夫人に関する記事が人民日報の三面に出たことがありました。それも中国の副首相より前の紙面に掲載されたのです。それを見た読者は不思議に思ったでしょう。絶対的な権力を握っている夫とともに、頭の切れる夫人が政治の表舞台に出てくれれば、中国政治はこれから大変なことになります。

宮崎　ともあれ、江沢民時代に、習近平は福建省に十七年間いて、その後に浙江省書記になりました。その時に江沢民国家主席が視察に来たことがあります。その際に習近平夫妻が江沢民国家主席の案内をしました。江沢民は知識人だから、ここの寺の由来は……と聞くのですが、習近平は何も知らずに答えられない。ところが習夫人が代わりに見事に説明をしたというのです。そうやって習近平を引き立てたので、「あげまん」と言われたものでした。

もうひとつ、習夫人は江沢民の弱みを握っていました。夫人はもともと歌手で、人民解放軍総政治部歌舞団団長だった。江沢民の愛人も歌手だったのです。彼女は少数民族の出身で、習近平夫人より、人気があった。江沢民はその愛人にぞっこんで、その愛人の講演会チケット何千枚を部下にすべて買わせたことがあったのです。

「そのことを知っているわよ」と、習夫人は江沢民夫人に近寄って、さりげなく伝えたらしいのです。それで結局、習近平が国家主席に選ばれたというわけです。「内助の功」

というか、権力を握るや、今度は芸能界での支配を強めていきます。女優のファン・ビンビンが脱税で逮捕され罰金百四十六億円を支払うように命じられた事件がこの前ありましたが、これだって、おそらく、習夫人の差し金で摘発されたに決まっています。女の嫉妬心は怖いから（笑）。

「雌鳥（習夫人）歌えば家（中国共産党）滅ぶ」

石　おそらく、習夫人の野望は芸能界の支配だけでは済まないと思う。というのは、習近平は「皇帝」になりました。しかし、この皇帝には有能な側近はいません。周恩来のような政治家がいまの中国にいない以上、夫人だけが皇帝のための「首相の役割」を果たすことが可能になります。周恩来のような絶対に忠誠を誓う「宦官」の役割として、皇帝を完全に彼女が操るわけです。ますます、中国の政治は面白くというか、怪しくなっていきますよ（苦笑）。

宮崎　そうなると、危険だよね。

石　危険です。このままだと、中国の政治は滅茶苦茶になるでしょう。

宮崎　今でも滅茶苦茶なのに、これ以上、滅茶苦茶になると困るよ。隣国の住人としては。中国では「雌鳥歌えば家滅ぶ」という言葉がある。雌鳥が雄鳥に先んじて時を告げるのは不吉な兆しを意味している。妻が夫を出し抜いて権勢をふるうような家は潰れる……というわけです。中国はその危機に直面しようとしているわけだ。習夫人は「歌う」のは得意だからなぁ（苦笑）。

第五章

中国経済破綻に備えよ

中国の借金は麻薬付けで逃れられない

宮崎　石さんと渡邊哲也さんとの対談本『習近平がゾンビ中国経済にトドメを刺す時』（ビジネス社）の中で、中国の負債総額が九千九百兆円（六百兆元）といっているのだけれども。それって本当なの？

石　それは、誰がいい出したかというと、中国人民大学国際通貨研究所副所長で中国の経済学者、向松祚《こうしょうそ》氏です。二〇一九年一月二十日の上海で開催されたフォーラムで、そういう話しをしました。向氏は、その時の説明として自分が出した数字ではなくて、人から聞いた数字といっていました。

じゃあ誰から聞いたかというと、朱鎔基元首相の息子で、ゴールドマン・サックスから中国に戻って、中国国際金融有限公司総裁になった朱雲来《しゅうんらい》氏です。ということは金融のプロです。その人から聞いた話では、中国国内で個人、企業、地方政府、みんな抱えている借金の総額が六百兆元に達している可能性があると言及したのです。お互いに貸し借りの部分があるのですが、単純に計算したら、六百兆元、いまの為替レートなら九千七百兆円となります。もうちょっと頑張ったら、前人未到の大台の一京円になる。

宮崎　中国のGDP（国内総生産）は、中国政府の公式の発表数字によると約九十兆元で、邦貨換算すると約一千五百兆円です。ただ、三割が水増しと考え、しかも、実質上、今はマイナス成長に陥っているとなれば、今の中国のGDPはおよそ約一千兆円で、日本のGDPの約一・八倍ぐらいの規模だと私は計算しています。ということは、中国は、GDPの約九・七倍、一〇倍近くの借金を抱えているということになります。

石　ただ正式な経済学的な統計ではなく、あらゆるものを単純に積み重ねていった数字です。本来ならば差し引く部分があります。たとえば、AはBさんから千円借りて、Bさんはにさんから千円借りて、AはCさんに千円貸している。すると、借金の総額は二千円ですが、貸している千円を差し引けば借金総額は千円となります。とはいっても国有企業だけの負債総額は、二〇一八年に百八十兆元、一千八百三十兆円にのぼり中国のGDPを軽く上回っていますね。

宮崎　国有企業だけで、借金はGDPを超えて、加えて民間、住宅ローンの残高は何と四千六百兆円です。こんなことで、よくやれるよなあと思う。

石　中国経済が表面的に良く見えるのは、借金で成り立っているからです。企業も個人、政府も借金だらけです。さらに、地方政府になると、借金で大規模な不動産開発や利用する人も車もない高速道路を次々と建設します。借金してモノを作るのが性癖になっています。もっといえば、借金は麻薬みたいなもので全身が麻痺しているのです。そうすると、中国は借金で実態の何十倍以上も大きいと、見せているだけで、という話しになる。

しかも、おかしなことに借金が大きければ大きいほど、借りている方は威張りがち。借金をしている人の方が尊大な態度をとる。なぜか。借金を返してもらえないと貸した相手が潰れるからです。ですから、貸している方が債務者に頭を下げて、返済を頼みます。正常ではありません。

宮崎 そう、それはハッキリいえますね。なぜ、借金漬けとなったのか。ひとつにはノルマ問題がある。まず、中共政府は、国有企業に目標値を与えます。全人代でその年の経済成長率の目標値が発表になります。すると、その目標に向かって国有企業は生産を増やさないといけなくなる。製品が売れていなくても生産するしかない。だから、鉄鋼やセメントは作り過ぎ、石炭は採掘量を増やしすぎになる。

ということが象徴するように、売れない製品の在庫は山積みとなり借金は膨らむ一方です。これが一番の問題です。

二番目には政府の補助金が、最悪の状態を生んでいます。そして地方政府が、住む人がいないのに高層マンションをドンドン建設して、幽霊都市をたくさん作ります。加えて新幹線に代表される高速鉄道の建設、高速道路建設もみんな需要なきところにせっせと建設することになる。なぜ、そうするのか。経済の成長率達成というノルマを達成する必要があるからです。

もうどうにもならない高速鉄道建設

石　中国の新幹線はすべて借金して建設するので、その負債額はおそらく五兆二千八百億元にもなるそうです。

宮崎　日本円に直すと八十七兆円という巨額な赤字ですね。日本の国鉄が民営化する前の累積赤字は二十四兆円、その約四倍にもなる勘定ですね。よくもまぁ、こんな天文学的な借金をこしらえて平気でいられるなぁと感動します。

石　計算によると新幹線の純利益で借金を返済するならば、返済に数百年もかかるそうです。それでも高速鉄道を建設し続けるというわけです。中国政府は鉄道建設投資を二〇一八年に当初計画の七千三百二十億元（約十二兆円）から約一割増やして八千億元にしました。景気ダウンを回避するために増額したのですが、間違いなく赤字路線ばかりが増えていきます。

宮崎　黒字路線は北京─天津間、北京─上海間と、上海─広州間だけで、そのほかはすべて赤字路線です。だから、普通ならば、これぐらいの運賃収入が見込まれるということで、建設プロジェクトの予算が成立するのですが、中国にはこうした原価計算的な考えはないし、関係ありません。当局が建設するといったら建設するだけの話なのでしょう。

ツケはすべて習近平に回せばいい

石　中国政府はリーマン・ショックの後で、経済がガタガタになってしまったので、ご承知の通り四兆元（邦貨換算五十七兆円）の財政出動を実施しました。当時、その規模に世界中がビックリしました。積極的に投資プロジェクトを立案したおかげで中国経済は息を吹き返して生き残り、その後の二、三年は良かった。ただ、その結果、問題として残ったのが大きな負債を残したことでした。

中国の打ち立てる建設プロジェクトは一切、完成後の収益性を考えずに、いや無視して兎に角、建設してしまうのです。新幹線を一本作ると鉄鋼産業、セメント産業などいろいろな産業が潤います。それで瞬間的に息を吹き返し中国経済は持ち直すのですが、このツケがこれから回ってくるわけです。四兆元の財政出動はある意味、習近平にもいい分があるでしょう。今の経済状況をこんなに悪くしたのは自分（習近平）のせいではないと。自分は貧乏くじを引いただけという思いがきっとあるはずです。温家宝首相たちがやった放漫財政のツケを全部自分に回したくせに……という感じだと思う。

宮崎　そういえないこともない。高速道路も深刻です。日本は北海道でクルマが通る数よりクマの方が多いという程度の話ですが、中国ではクマも出ない超過疎地にハイウェイを引いてどうするのでしょうか。

さらに四千メートルの山々に鉄道を建設して、本当に利用者はいるのでしょうか。前代未聞というか、人類がこれまで経験のしたことがないようなトンデモ・プロジェクトを次々と実行しようとしています。これも、間違いなく鉄道赤字の累積が溜まっていく原因です。しかし、建設期間の間はブルドーザー、ショベルカーを使って、失業者を吸収する手段になることは間違いありません。この十年間に使った中国のセメント消費量は、アメリカの百年間に匹敵する量だといいます。セメント業界は儲かってしょうがなかった。

石　たしかに、目先、経済を浮揚させる効果はありましたが、課題は今後、巨大なツケをどうするかです。

風力発電が風がなくて回らないから電気で回してみせる

宮崎　そして、補助金の問題も見逃せません。政府は補助金を付けて、いろいろな事業を推進してきました。とくに風力発電、太陽光発電といった自然エネルギーの事業支援に積極的でした。

しかし、今では無残な姿を曝《さら》け出しています。風力発電に補助金が付くと聞いたら、作り方が分からないメーカーも含めて何十社も参入したからです。それで風力発電基を建設したはいいが、回らない風力発電が多数作られる羽目になった。それは建設する時、良く調べずに、風がほとんど通らない土地に風力発電を作ってしまったことが原因です。また風力発電を作ったはいいが、今度は送電線につながっていないとか、そういう笑い話のような事例があちこちにあるのです。そうした問題のある風力発電所が全体の三分の一にものぼります。

それで、ある日のこと、習近平国家主席が某風力発電所を視察することになりました。視察に来ることになった風力発電はどうなっているかというと、その風力発電は風が通らないために風車が回らないのです。それで、町中のみんなが慌てて、何をしたかというと、モーターを付けて風力発電所の羽根を回したのです。それを習近平は見て、満足したというけど、先述の北洋艦隊じゃないけど、もうマンガの世界ですよ（笑）。だけど、これは本当の話、実話です。補助金を止めたその途端に六十社強の風力発電の会社が倒産してしまいました。今や、見るも無残な発電基遺跡になっています。

次に太陽光発電ですが、これも補助金が付くということで、ものすごい勢いで中国全土の空き地に太陽光パネルが設置された。しかし、時間が経過するとパネルに埃がたまり発電効率が急速に低下してしまいます。埃を取り除く必要がありますが、広大な土地に設置してある太陽光パネルの掃除は並大抵のことでは不可能です。どうするのでしょうか。中国の砂嵐、あれがＰＭ２・５の原因でもあり、風が強い日には日本にも飛んできていますし。

石　そういうモデルはそもそも持続不可能であって、限界をはるかに越してしまった。問題は面白いことに、ちょっとでも経済成長が落ちると、先ほど述べたように借金をしてインフラ投資という麻薬を中国は最後に打つのです。

習近平政権は、温家宝政権時代の教訓として借金で経済の拡大はやらないと当初は言っていたのですが、経済成長率が落ちると、金融緩和策と同時に、積極的にインフラ投資を行う方針に変更しました。二〇一八年の秋から二〇一九年初めにかけて、経済が急速にガタガタになり始めた時、すぐに減税とインフラ投資で二兆五千億元（約四十兆円）の対策を決定して、実行に移しました。このため二〇一九年一月、二月に冷え込んだ経済は三月にちょっと持ち直したのです。

ただ、中長期的に展望すれば、目先的に若干持ち直していても、それは何の意味もありません。「リコノミクス（李克強首相が推進している経済政策）」が提唱したように、構造的転換、付加価値の高いものを製造するということこそが真の経済立て直し策だと思います。ただこの政策は、目先的には効果がなく、実行しにくいものです。

結局、三月から多少、持ち直して習近平にとってはホッとしたものの、六月以降は低迷しだした。二〇一九年六月四日の天安門事件三十周年を禁圧政策で乗り切り、さらに同年十月には建国七十周年記念を迎えるということで、その間には何とか経済が持ち直して繁栄しているところを見せたいと思っているのでしょうが、習近平は米中貿易戦争という大変な修羅場に直面している。

宮崎　何としてでも、経済を一時的にせよ、立て直したという印象操作を行なって、その節目では盛大に迎えたいと願っていますよ。それは理解できます。習近平にとっての至上命題ですからね。

石　しかし、そういう目先の対応をしていると、問題はさらに深刻化することになりますよね。中国経済がこの数十年間にわたり、宮崎さんが指摘されたように多額の借金をして、大量のセメントをつぎ込んで、高速道路、新幹線を作ることによって維持されてきた。こうしたインフラ投資はもう限界に来ています。

二〇〇八年のリーマン・ショックを受けて先ほど指摘したように、中国は四兆元（約五十八兆円）の公共投資を実施したわけです。日本国際問題研究所客員研究員の津上俊哉氏によると、二〇〇九年～二〇一八年上期までに中国の公共投資累計は四百十二兆元

（約七千兆円）にも及ぶと計算しています。これはすべて借金で賄っており、これだけ公共投資を続けると、さすがにいい投資案件がなくなってきているのは事実です。それでも、公共投資を拡大しないといけない。投資資金の回収がますます困難となり、不良債権を拡大させることになる。それは間違いないでしょう。

安く作れない「メイド・イン・チャイナ」は魅力消滅

石　もう一つの問題は輸出です。「メイド・イン・チャイナ」こと、価格の安い製品を世界中に販売、売りまくって中国は外貨を稼いできました。江沢民時代、胡錦濤時代にそれができたからこそ、外貨準備高は一時、四兆ドルに迫る勢いで増加したのです。だから、習近平政権の発足当初は多額の外貨準備高を持って海外へ大盤振る舞いができたのです。それが、もう不可能となってきました。

中国にとって一番のお得意様はアメリカです。輸出全体の二〇％が対米輸出、貿易黒字の六〇％をアメリカで稼いでいました。しかし、第一章で触れたように米中貿易戦争でアメリカは中国からの輸入品に高い関税をかけてきた。となると、これからは中国経済を支えてきた輸出が明らかにダウンします。外貨が稼げなくなると、中国の外貨準備高は減る一方です。

さらに中国人労働者のコストが上がり、安く製品を作れなくなってきました。メイド・イン・チャイナの魅力が、消えかけています。その中で、インフレが始まると、中国の国民生活は混乱の度合いを深めてくるでしょう。米中貿易戦争で、対外輸出がさらに落ちてしまえば、もう中国経済はどん底で、終わりです。暗黒経済へまっしぐらです。

宮崎　ところがなかなか終わらない。余命半年なんていいながら……も。不思議なんだよね（苦笑）。独裁権力というのは、あらゆることを誤魔化すことができるからということもあるけどね。

石　それはそうですが、もう一つ、習近平はご存じのように二〇一九年に入ってから、公然と「灰色のサイ」発言をしています。巨額な借金を抱えていると先ほど指摘しましたが、二〇一九年二月二十一日、地方や中央官庁の幹部たちを集めた学習会で習近平は、「『黒い白鳥（ブラックスワン）』だけでなく『灰色のサイ』も防がなければならない」と訴えた。「黒い白鳥」とは、リーマン・ショックのように、めったに起こらないが起きると壊滅的な被害をもたらすことをいいます。一方、「灰色のサイ」は金融界でよく使われている言葉ですが、巨額の債務が暴れ出すという危機感を表現したものですね。

宮崎　「ブラックスワン」はめったにあり得ない話だけど、問題は「灰色のサイ」でしょう。私も、「はじめに」でも指摘しましたが、サイは灰色に決まっています。日常風景に溶け込んでいるわけでしょう。ところが、これが急に暴れ出すと、無茶苦茶になると。これは何を指しているのか。いつか、突然に債務が暴れ出すというわけ。すでに、実際に暴れ始めてきたわけで、端的に国際金融マーケットをみていると分かります。

第一に、中国の不動産企業の発行するドル建ての社債が一部、一五%ぐらいの高利でないと、借りられなくなりました。実質的にジャンク債（格付けの低いデフォルトリスクの高い債券）扱いです。平均でも社債発行金利は八%に接近しており、一年前に比べると約二%も上昇しています。この原因は中国企業のデフォルト（債務不履行）が多発していることに加えて、中国経済の減速懸念があります。

中国政府がいっている今年度の経済成長率は六・〇～六・五%なら、平均金利が八%という金利は高すぎます。それぐらい高い金利でないと中国企業は社債を発行してドルが調達できないということは、金融マーケットが中国政府の六・〇%以上の成長率は難しいとみているのです。

つまり、中国経済も中国企業は信用されなくなってきた証です。中国企業はこの高い金利でのドル調達は収益水準からみてスレスレの状態です。だから、金利がこれ以上高くなると、中国企業のドル調達のための社債発行も困難に直面する。

バブル崩壊の時に、日本の企業が外貨を獲得するために社債を発行しました。その時ジャパンプレミアムという金利の上乗分がありました。それが、今ではチャイナプレミアムになっています。プラス二％か、ひどい企業にはプラス六％のプレミアム金利が付きます。これは結局、中国に外貨が不足してきたことを示唆しています。不足どころか、すでに中国は実はほぼ外貨を使い切ったと、判断していいと思います。

企業の海外資産売却が加速

石　また、見逃してならないのは共産党や企業の幹部たちが汚職で貯めこんだ資産をドルに返還して、海外へ持ち逃げする事件が頻繁にあることです。いったいいくらのドルを持ち出したのかよくわかりませんが、かなりの額にのぼっています。

第二に、海外資産の動向です。これまで中国企業は海外資産を買いまくっていました。

それが今では売却を急いでいます。中国で第二位の生命保険会社「安邦生命」という会社がありますが、総資産は三十二兆円といわれており、二〇一四年にはウォールドーフ・アストリア・ニューヨークホテルを十九・五億ドルで買収、二〇一六年にはストラジック・ホテルズ・アンド・リゾーツ株を大量に購入したことで知られています。しかも、この保険会社の社長は鄧小平の孫娘と結婚した呉小暉です。ところが、この社長が逮捕されて、これまで買収した前述した海外のホテルをみんな売却しています。

また、王岐山（国家副主席）と関係の深い複合企業「海航集団」も経営悪化が止まらずに傘下のホテルや不動産など資産売却を続けています。アメリカの大手ホテル、ラディソン・ホールディングスを錦江国際酒店に売却、ヒルトンホテル株をみんな売却しました。余談ですが、この企業の創業者が出張先のフランスで壁から転落して急死した王健です。一説には殺されたという話がまことしやかに飛び交っています。

さらには不動産大手、大連万達集団（ワンダ・グループ）も百貨店事業を譲渡、さらにホテル、テーマパーク、アメリカの映画館チェーンなどを次々に売却して、その総額は一千三百億元（約二兆一千億円）を超える（日本経済新聞、二〇一九年二月十四日付）といいます。それだけ資金繰りに困っているのです。相当、深刻な話です。

いずれにしても、中国企業が深刻な、外貨不足に陥っており、その資金手当てにこれまで購入してきた資産をここにきて一気に売りに出したという感じです。

これまで資金が回っていたのは対外貿易で、収入が日銭で入ってきたからです。それと、中国は十四億人の巨大市場という謳い文句に騙されて外国企業が進出して外貨を中国に持ち込んでいたことが大きかった。とくに日本企業が中国に投資を続けてくれたことは中国にとっては恵みの雨となったのです。これで、何とか中国の外貨不足を補って誤魔化してきたのです。その化けの皮が剝がれ、中国企業が外国で持っていた資産を売却しはじめたわけです。

宮崎　さらに、今度は女優のファン・ビンビンを脱税容疑（三億元の脱税）で捕まえ、ハリウッドに所有している高級マンションなどを売却しろと迫ったのです。完全にスケープゴートで、そのショックから映画監督から、ほかの女優、男優、スタッフなど映画関係者などみんな海外に隠していた資産を自主申告して、次々と売却しています。それでドルを中国政府に貢いでいるわけです。それでも、おそらく足らないでしょう。

ちなみに、中国の全税収に占める個人所得税収はわずか八％（二〇一七年）にとどまっています。中国財政省の推計によると個人所得税を納める国民は一億八千七百万人いるのに、実際、個人所得を納めたのは二千八百万人と全人口の二％にすぎません。これを是正して少しでも税収を当局は増やしたいのでしょう。なりふり構わず税収を拡大させたいと思っているのでしょう。台所事情はそれほど苦しいのです。

「一帯一路」プロジェクトの失敗が重なる

宮崎　ここに輪をかけて、「一帯一路」シルクロードの失敗が重なってきます。それで、中国がドル資金を投じたシルクロードのプロジェクトですが、成功したのはどこですか。あれば教えてください。どこもないでしょう。成功したという話は聞いたことがありません。

先日、私はミャンマーを訪問しました。少数民族ロヒンギャの六十万人が逃げ出した奥地を訪ねたのですが、ここに中国はすでに石油パイプラインを建設していて、ここから雲南省まで七百七十一キロメートル、実際に石油を中国に運んでいます。パイプラインの拠点であるチャオピュー港を開発して、ここに大工業団地を作って、そしてニュータウンや病院も建設する計画です。このプロジェクトにアウンサンスーチー（ミャンマーの事実上の首相）が関わっています。しかし、現地に行ってみると、そこにはプロジェクトの看板があるだけでした。あとは何もない。これが今、世界中で起きていることです。これが、シルクロード経済ベルト（一帯一路）の実態ですよ。

中国は、カンボジア初の高速道路建設を主導することになりました。中国国有企業が二千億円強を投じて首都プノンペンから南部港湾都市シアヌークビルを結ぶ高速道路を二〇二三年までに完成される計画だと伝えられています。中国企業側が五十年間にわたり通行料を徴収して投下資本を回収する計画です。しかし、別ルートで建設計画がある日本政府の関係者は「二千億円の回収はほぼ不可能」と見ています（日本経済新聞、二〇一九年四月二十六日付）。どうするのでしょうか。

スリランカは投資したカネを返済できないということで、ハンバントタ港を九十九年租借させた。このような事例はほかにもあります。タジキスタンは二〇一九年四月、発電事業への三億ドル融資の見返りに中国企業に金鉱山の開発権を譲り渡しました。一方モルディブの対中債務はＧＤＰの三分の二に相当する三十億ドルにのぼり、中国資本が開発する島々は長期の賃借契約を結びました。将来、債務返済が滞れば、こうした島々が中国の手に渡る可能性があるのです。こうした状況を先進国から見れば、「借金のワナ」だと言うしかない。しかし、中国から見れば、注ぎ込んだカネが返ってこないので、租借は当然だと考えています。租借ができなければ、習近平は共産党内部から叩かれてしまいます。カネの無駄遣いだと。

このように外国に投じたシルクロード投資の大半が不良債権になりつつあるのです。時間がたつにつれ、ますます悪化するのは必至。

中国不動産の時価総額はべら棒な数字

石 それと不動産バブルの問題があります。中国の不動産は今、ピークの状態に達しています。先述したように、中国の総負債額が六百兆元と発表した中国人経済学者の向《こう》松祚《しょうそ》中国人民大学国際通貨研究所副所長の話では現在、中国の不動産時価総額はドルで換算すると六十五兆ドルになるとしています。アメリカ、日本、EUのGDPをすべて足しても、この数字にはとどきません。もし、その数字が正しければ、中国の不動産バブルは末期症状ではないでしょうか。

習近平政権は、二〇一六年から不動産の販売規制を実施して価格の高騰に歯止めをかけてきました。二軒目以降の不動産取得には待ったをかけた結果、投資資金の流入が沈静化したのです。経済の減速を受けて政府は公共投資の拡大、減税を実施したものの、不動産の規制緩和には踏み切っていません。それはバブルの再燃を懸念したためだと思います。

この規制効果によって、二〇一九年の住宅販売が目立って減少し、大手住宅販売会社の万科は前期比で販売額は二八％も減少しました。さらに碧桂園控股は半減、中国恒大集団も三三％減少したのです。上海や深圳など主要都市の価格高騰が沈静化して、投資資金の流入が抑制されたことが原因だと考えられます。

ただ、「このしわ寄せは地方政府に及ぶ。地方政府は十八年、土地売却で六兆五千億元を超す収入を得た。地方政府は税収が伸び悩み、政府本体も傘下企業も多額の負債を抱える。土地売却は景気を下支えに必要なインフラ整備などの財源になってきたのは間違いない。今後、地方政府の土地売却が滞ると、公共投資などへの資金拠出が難しくなる可能性もある」（日本経済新聞、二〇一九年二月十六日付）のです。

つまり、中国の不動産価格が沈静化して取引が縮小すると、そのマイナス効果は大きくて、景気の足を引っ張ることになりかねません。そこで、政府は再び不動産規制を緩和することが充分に予想されます。すると、中国の不動産取引は活発となり価格も上昇するでしょうが、中国の不動産時価総額はもっと膨らみ七十兆ドル台に乗せ、場合によっては八十兆ドルを上回ることだって考えられるのです。そこまで行けば、バブル崩壊しかない。それは断言できます。「灰色のサイ」どころの話ではない。どういうことになるか、想像もできない。

宮崎 サイどころではなく、恐竜が暴れるようになるね（苦笑）。

石 確実に中国人が住むというニーズを遥かに超えた不動産を建設しています。中国人が買える負担を遥かに超えた高額になりました。アメリカのシティグループの調査によると、中国の住宅価格は上海で世帯年収（中央値）の二六倍、北京で二三倍、香港で一九倍に膨らみました。ちなみに日本は七～八倍というところでしょうか。

アメリカ「MMT」理論は中国で破綻する？

石 簡単な話、ファーウェイは特例かも知れませんが大抵、中国の企業は生産拡大とか、技術革新とかにおカネは使いません。稼いだおカネで何をするのか。不動産を購入するのです。

というのは、不動産を買って転売する利益の方が、企業活動で稼ぐ利益より遥かに大きいからです。経営者は汗水を流さずに簡単に儲けられます。新規融資の個人向けの不動産融資が、産業の新規融資より多い。普通の国ではこんなことはありえません。銀行の融資は産業にとっての血液です。そうではなく、中国では不動産に資金が流入してしまうのです。しかも、中国の金融会社は不動産投資に傾斜していく実態があります。

宮崎　だから、銀行は融資を決定する際に事業の収益性とか、コストとかを考えないでいいわけ。しかも、いざとなれば中央銀行は人民元を刷ればいいだけの話になりますね。アメリカでは民主党左派が唱えているＭＭＴ（現代貨幣理論）は、高インフレでない限り、財政赤字を拡大してよいと主張しています。一時的に流行した、いまや省《かえり》みる人もいないトマス・ピケティー（『21世紀の資本』みすず書房）のように、ＭＭＴも気がついたら瞬間的なつむじ風のように終わるでしょうね。

石　ただ、これからは不動産はまったく売れなくなる時代が到来します。売れなくなると不動産価格が暴落する。暴落すると大変な連鎖反応を起こすでしょう。

宮崎　株と同じで、三年前に上海株の大暴落がありました。そこで政府は何をしたかというと、株を売るな、カラ売りをしたら罰すると投資家に圧力をかけたのです。今、不動産に同じことをする可能性は高いと考えられます。つまり、不動産の価格統制です。

石　不動産バブル崩壊を食い止める唯一の方法は、市場を凍結させることです。凍結すれば誰も売れない。売れないと価格が落ちることはない。しかし、凍結した瞬間、誰も不動産を買わなくなって不動産は財産としての価値がゼロになります。財産というのは自分が売りたいときに売れるから価値があるのです。

宮崎　そして、いつか解除することになるでしょうが、その時に不動産価格は一〇分の一ぐらいになるでしょう。となると住宅ローンの破綻も起きますね。今までは結局、騙された買い手が、騙す買い手を見つけて、ババ抜きゲームをやっていたわけです。最後に誰かがババを引いて、このゲームが終わるのです。

石　中産階級のお金持ちは何軒も不動産を持っていますので、不動産が暴落したら、みんな財産を失うことになります。もちろん、凍結されたら現金化できません。その途端に貧乏に逆戻りです。

宮崎　ですから、形の変えたデノミといえます。いずれにしても、中国国民はみんな借金だらけです。習近平はまさに歴史に残る「英雄」となります。

石　習近平が先に潰れるか、共産党が先に潰れるかでしょう。習近平のご夫人に頑張ってもらうしかないね。

宮崎　今の情勢で、ソ連のゴルバチョフみたいな人が中国共産党に出てきたら、きっと党内で潰されるでしょう。

石　中国共産党の中で、習近平の失敗を喜ぶ人はたくさんいる。

宮崎　ただ、知識人と人権派弁護士を捕まえてしまって、中国で民主化運動の展望はありませんね。

石　中国で民主化は無理です。中国人も実は民主化を望んでいないからです。

退役軍人の怒りは収まらず

宮崎　話は変わりますが、退役軍人の恩給はどこの部署から出ているのですか？

石　民生局です。復員したら、国防費ではなくて民生になります。日本でいうと、厚生労働省みたいな部署です。最近、退役軍人がデモをしているでしょう。退役してから、本来なら貰える恩給を地方政府が出していないらしいのです。

宮崎　しかも、そもそも雀の涙のような金額らしいね。

石　退役軍人は地方政府の庁舎に行って抗議をするのはこのためです。地方政府としては俺たちもカネに困っているから、恩給は払えないという理屈です。

宮崎　二〇一八年、退役軍人の暴動が中国の各地方で起きて、何人か死亡したという話しが出ています。中国の退役軍人は「約五千七百万人いる」（時事通信、二〇一八年九月二十一日付）といわれており、待遇改善を求めてデモは中国全土に広がる懸念があります。武装警察がこのデモを抑える役目を担っているのですが、意外と同調者がいてうまくコントロールが効いていないようです。

恐ろしい中国の原子力発電所

石　それと、中国の国内情勢が悪化して怖いのが、原子力発電です。管理が緩んだりして、原発事故が起きたりすると、影響は日本にも及んできますね。

宮崎　中国はいずれ原発事故を起こすと思います。だって中国人自身が原発を怖がっています。中国は旧ソ連の援助を受けて原発開発に着手し、現在稼働中の原発は四十五基で総発電量に占める割合は約四%、アメリカが九十八基で約二〇%、フランスが五十八基で七二%に比べると低い。年内に少なくとも十基の計画が承認されて二基は建設に着手する可能性があります。

これから中国は原発の建設ラッシュとなって、「二〇三〇年までには中国の原発の発電能力がフランスとアメリカを追い越し、世界最大の原発大国になる」と豪語しており、二〇一八年に仏アレバ製のEPR（欧州加水型炉）原発が商業運転を開始しました。この原子炉は「第三世代プラス」といわれていますが、いろいろな問題を抱えたいわくつきの原発との話です。

兎に角、中国は都合の悪いニュースは隠蔽してしまいます。四川省で大地震（二〇〇八年五月に発生した）があった時、核の秘密基地が壊滅してしまいました。その後、一切の報道もなければ、放射能がどうなっているのか、といった情報は封じられています。外国人ジャーナリストはそこに行けません。今でもそこは危険地帯です。

この大地震で小学校が倒壊して子どもたちが死んでいるのに、そんなことはお構いなしでセメントを流し込んで核都市を埋めてしまい、完全に崩壊事故がなかったことにしてしまう。怖い国です。

中国の核兵器基地だって怖いですよ。コンピュータの間違いで、核弾頭が自爆することだってあり得る話です。つまり、国内テロで一番怖いのは自爆テロでなくて、中国の核基地にあるコンピュータに入り込んで、何かを仕掛けられることです。イスラエルはかつてイランの核施設にあるコンピュータにウイルスを仕掛けて開発を遅らせたことがありました。それと、同様なことがこれから発生するのではないかと思う。中国はサイバー攻撃が好きだけど、自分がそういう攻撃を受けることもありうるわけだから。

石 習近平政権が崩れ、中国の民主化、中国の台湾化が進むことが、そうした懸案、不安の解消・改善に繋がるでしょう。そのためにも、本書を手にしてもらって、中国との正しいつきあい方を自覚する日本人が一人でも増えることも祈りたいですね。

おわりに──香港の若者たちに続こうではないか!

宮崎正弘先生との対談本が校正に入った六月に、香港では世界中の注目を集める歴史的な出来事が起きた。

六月九日、中国本土への「容疑者」引き渡しを可能にする「逃亡犯条例」改正案に猛反発して、香港の一般市民や若者たちが中国返還以来最大規模、百三万人参加の抗議デモを行った。香港の法治と人権を守るための歴史的壮挙である。

そして十一日から十二日にかけ、香港の立法院が民意を完全に無視して改正案の審議を強行しようとしたところ、若者たちと市民はそれを阻止すべく、立法院周辺の道路を人の波で封鎖した。しかしそれに対して、香港警察は何と、催涙弾やゴム弾の発射以外に、人を殺傷する力のあるビーンバック弾までを使って発砲し、七十名以上の人々を負傷させた。

中国共産党政権の意向を受けた香港政府と警察は到頭《とうとう》、市民に対する準武力鎮圧に踏み切り、人権に対する乱暴なる侵害を行った。返還から二十二年目にして、「一国両制度」で保障されたはずの香港の独立性と法治が完全に破壊され、香港の政府と警察はもはや、中国共産党政権の番犬に成り下がった。

ネットやテレビなどを通じて香港市民と若者の奮闘を目にした時、そして香港警察の過酷な鎮圧ぶりを目にした時、私は久しぶりに血が沸いてくるのを覚え、そして激しい憤りを感じた。

文明の敵（中共政権）と戦おう！

今年はちょうど天安門事件三十周年であるが、人権と法治を守るために敢然と立ち上がった香港市民と若者たちの姿は、まさに三十年前に中国の民主化を求めて共産党軍との戦車と対峙した中国の熱血青年たちの勇姿の再来ではないのか。そして、市民と若者たちへの鎮圧を敢行した香港の警察は、天安門広場を血の海にした三十年前の共産党軍とは何の変わりもないのではないか。

結局、三十年前の中国民主化運動が失敗に終わった結果、そして天安門事件の後にアメリカ・日本を含めた西側諸国は原則原理を放棄して中国との「融和路線」に走った結果、中国共産党政権が延命しただけでなくますます強大化して横暴になって、今やその独裁暴政の範囲を中国本土だけでなく香港にまで伸ばしてきた。その一方、今の習近平政権はかつてのナチス・ドイツと同じやり方で少数民族のウイグル人やチベット人に対する残虐極まりのない民族浄化政策を進め、独立国家の台湾や日本の沖縄に対する侵略的野望をむき出しにした。

三十年前に、天安門の中国の若者たちが自らの命との引き換えに、中国共産党政権とは何かを、われわれに教えたはずだ。しかし西側諸国はそれを真剣に受け止めなかった。今、香港の若者たちと市民はまたもや、命をかけて中国共産党政権の本質をわれわれに示した。われわれ自由世界はもはや、この大切なメッセージを看過することができない。今こそ、中国共産党政権が人民と民主主義の敵であり、文明世界の不倶戴天の敵であることをしっかりと認識すべきだ。そして香港の若者たちと市民と共に戦い、北京にある文明の敵との総決戦を敢行していくべきではないのか。

この戦いはすなわち、われわれの文明世界と、われわれアジア諸国の平和と安全と、われわれの子孫代々の幸福を守るための、最後の戦いだ。戦う以外に選択肢はないのではないか。戦おうではないか。

令和元年初夏

石平

宮崎正弘（みやざき・まさひろ）
評論家。1946年、石川県金沢市生まれ。早稲田大学中退。『日本学生新聞』編集長、月刊『浪漫』企画室長などを経て貿易会社を経営。1982年、『もうひとつの資源戦争』（講談社）で論壇へ。以後、世界経済の裏側やワシントン、北京の内幕を描き、『ウォールストリート・ジャーナルで読む日本』『ウォール街・凄腕の男たち』などの話題作を次々に発表してきた。著書に『いよいよトランプが習近平を退治する！』（ワック）、『アジアの覇者は誰か　習近平か、いやトランプと安倍だ！』（石平氏との共著、ワック）、『地図にない国を行く』（海竜社）など多数。

石　平（せき・へい）
評論家。1962年、中国四川省成都生まれ。北京大学哲学部卒業。四川大学哲学部講師を経て、1988年に来日。1995年、神戸大学大学院文化学研究科博士課程修了。民間研究機関に勤務ののち、評論活動へ。2007年、日本に帰化する。著書に『なぜ中国から離れると日本はうまくいくのか』（PHP新書、第23回山本七平賞受賞）、『なぜ論語は「善」なのに、儒教は「悪」なのか』『中国をつくった12人の悪党たち』（PHP新書）、『私はなぜ「中国」を捨てたのか』『最後は孤立して自壊する中国』（ワック）、『アジアの覇者は誰か　習近平か、いやトランプと安倍だ！』（宮崎正弘氏との共著、ワック）など多数。

こんなに借金大国《しゃっきんたいこく》・中国《ちゅうごく》
習近平《しゅうきんぺい》は自滅《じめつ》へ！

2019年8月11日　初版発行

著　者　宮崎 正弘・石 平

発行者　鈴木　隆一

発行所　ワック株式会社
東京都千代田区五番町 4-5　五番町コスモビル　〒102-0076
電話　03-5226-7622
http://web-wac.co.jp/

印刷製本　大日本印刷株式会社

ISBN978-4-89831-800-3

好評既刊

韓国・北朝鮮はこうなる！

呉 善花・加藤達也　B-280

米朝会談後の韓国と北朝鮮はどうなるのか。このままだと、韓国は北に呑み込まれ、貧しい低開発国に転落してしまいかねない。その時、北東アジアの自由と平和は……

本体価格九二〇円

日本のＩＴ産業が中国に盗まれている

深田萌絵

ファーウェイをはじめとする中国企業の世界に張りめぐらされたスパイ網を暴き、ＩＴへの無知が国を滅ぼす現状に警告を鳴らす、ノンフィクション大作！

本体価格一三〇〇円

それでも、私はあきらめない

黒田福美　B-279

長年、友好を願いながらも日韓の相克をみつめてきた女優、黒田福美。太平洋戦争で、「日本兵」として散っていった朝鮮人兵士のため、韓国に慰霊碑を建立しようとしたが……

本体価格九二六円

好評既刊

日米戦争を策謀したのは誰だ！

ロックフェラー、ルーズベルト、近衛文麿 そしてフーバーは——

林 千勝

なぜ、「平和」は「戦争」に負けたのか。なぜ、日米戦争は起こったのか。不条理を追究し、偽りの歴史を暴く。前作『近衛文麿 野望と挫折』に続く、渾身のノンフィクション大作！ 本体価格一八〇〇円

自壊

ルーズベルトに翻弄された日本

長谷川熙

元朝日記者による衝撃のノンフィクション！ 一九四一・一二・八「真珠湾」は好戦主義者ルーズベルトが仕掛けた罠！ 日本はいかに「インテリジェンス」で敗北に到ったのか！ 本体価格一六〇〇円

特捜は「巨悪」を捕らえたか

地検特捜部長の極秘メモ

宗像紀夫

日産ゴーンをはじめ地検特捜部に逮捕された政財官界の被疑者たち——リクルート事件の主任検事が綴る数々の疑獄事件の真相。古巣への苦言もありの驚天動地の回顧録。 本体価格一五〇〇円

好評既刊